EDITION OSHO

innenwelt verlag

Die Texte für dieses Buch sind ausgesuchte Transkripte aus verschiedenen Diskursen von Osho. Alle Diskurse, die Osho vor einer internationalen Zuhörerschaft gehalten hat, sind als Originale publiziert worden und als Original-Audios erhältlich. Audios und das vollständige Text-Archiv finden sie unter der Online-Bibliothek „Osho Library“ bei www.osho.com

FSC www.fsc.org
MIX
Papier aus verantwortungsvollen Quellen
FSC® C083411

Titel der englischen Originalausgabe: *Intelligence of the Heart*

7. Auflage 2026
Umschlaggestaltung: Silke Bunda Watermeier, www.watermeier.net
Übersetzung: Hari Chetana, Prem Nirvano

KVG Kölner Verlagsgesellschaft mbH, Gutenbergstr. 33, 50823 Köln
info@innenwelt-verlag.de www.innenwelt-verlag.de

Druck: CPI books, Leck
Printed in Germany
ISBN 978-3-942502-91-7

OSHO

Intelligenz des Herzens

Fragen über Gott und die Welt
von Journalisten und Hausfrauen,
Übeltätern und Heiligen,
Bildungsbürgern und zornigen jungen Menschen

Inhalt

Was genau ist Intelligenz? Und in welcher Beziehung steht die Intelligenz des Herzens zu der Intelligenz des Verstandes?

Intelligenz ist die naturgegebene Fähigkeit, zu sehen, wahr-zunehmen. Jedes Kind wird intelligent geboren und dann von der Gesellschaft verdummt. Wir erziehen unsere Kinder zur Dummheit. Früher oder später promovieren sie in Stumpfsinn.

Intelligenz ist eine ganz natürliche Erscheinung, genauso wie das Atmen oder die Sehkraft. Intelligenz ist die innere, intuitive Fähigkeit, zu sehen und hat nichts mit dem Intellekt zu tun – vergesst das nicht.

Verwechselt Intelligenz nie mit Intellekt – das sind zwei völlig entgegengesetzte Dinge. Der Intellekt ist im Kopf. Er wird dir von anderen beigebracht, er wird dir aufgezwungen. Du musst den Intellekt kultivieren; er ist etwas Entliehenes, etwas Fremdes, nichts Angeborenes. Aber Intelligenz ist angeboren, Intelligenz ist der Kern deines Wesens, deine ureigentliche Natur.

Jedes Tier ist intelligent, Tiere sind keine Intellektuellen, das ist wahr, aber sie sind intelligent. Die Bäume sind intelligent, die gesamte Existenz ist intelligent, und jedes Kind kommt als intelligentes Wesen auf die Welt. Seid ihr jemals einem dummen Kind begegnet? Das ist unmöglich! Aber man trifft nur selten einen intelligenten Erwachsenen. Irgendetwas geht in der Zwischenzeit schief.

Ich möchte euch folgende schöne Geschichte erzählen. Hört gut zu – vielleicht hilft euch das. Die Geschichte heißt „Die Schule der Tiere“:

Eines Tages versammelten sich ein Kaninchen, ein Vogel, ein Eichhörnchen, ein Fisch und ein Aal im Wald. Sie beschlossen eine Schule zu gründen und bildeten einen Schulrat. Das Kaninchen forderte, dass Schnelllauf in den Lehrplan aufgenommen werden müsse; der Vogel bestand darauf, dass Fliegen zum Lehrplan gehöre; der Fisch meinte, Schwimmen gehöre dazu; das Eichhörnchen sagte, dass senkrechtes Bäumeklettern ein absolut notwendiger Bestandteil des Lehrplans sei, und der Aal bestand auf „Löcher-in-die-Erde-bohren." Sie nahmen alle diese Fächer in den Lehrplan auf und erklärten es zur Regel, dass jedes Tier alle Fächer belegen müsse. Obwohl das Kaninchen eine Eins im Schnelllauf bekam, stellte sich heraus, dass es mit dem „Senkrecht-auf-die-Bäume-Klettern" ernsthafte Probleme hatte. Es fiel immer hintenüber. Nach kurzer Zeit war es von den vielen Gehirnerschütterungen geistig nicht mehr auf der Höhe und konnte nicht mehr so schnell laufen. Anstatt einer Eins, bekam es jetzt eine Vier im Laufen und natürlich nach wie vor eine Sechs im senkrechten Bäumeklettern. Der Vogel war ausgezeichnet im Fliegen, aber wenn es darum ging, Löcher in die Erde zu bohren, war er gar nicht gut, er brach sich immer den Schnabel und die Flügel. Bald bekam er nur noch die Note Drei im Fliegen, und auch eine Sechs im „Löcher-in-die-Erde-Bohren", und beim Schwimmen erging es ihm ganz schlecht.

Die Moral von der Geschichte ist, dass der geistig minderbemittelte Aal als Klassenbester hervorging, weil er alles halbwegs richtig machte. Aber die Erzieher waren alle zufrieden, weil ein jeder sämtliche Fächer belegt hatte, und nannten es „Allgemeinbildung".

Wir lachen darüber, aber so sieht es aus. So habt ihr es gemacht. Wir versuchen tatsächlich, jeden Menschen dem anderen gleichzumachen, und zerstören damit die Möglichkeit jedes Einzelnen, wirklich er selbst zu sein.

Man tötet seine Intelligenz ab, wenn man andere nachahmt. Wenn man intelligent bleiben will, muss man mit dieser Nachahmerei aufhören. Durch Imitation begeht die Intelligenz Selbstmord. Man wird zu einer schlechten Kopie. In dem Moment, wo du anfängst darüber nachzudenken, wie du irgendjemand anderes werden kannst, verlierst du deine Intelligenz, du wirst dumm. In dem Augenblick, wo du dich mit einem anderen Menschen vergleichst, verlierst du dein naturgebundenes Potenzial, ganz du selbst zu sein. Von diesem Moment an wirst du nie mehr glücklich, nie mehr klar und frisch und durchsichtig sein. Du verlierst deine Klarheit, deine Wahrnehmungsfähigkeit. Du siehst mit geliehenen Augen. Aber wie kannst du durch die Augen eines anderen sehen? Du brauchst deine eigenen Augen. Du brauchst deine eigenen Beine zum Laufen, dein eigenes Herz zum Fühlen.

Die Leute leben alle ein Leben aus zweiter Hand – darum ist es so erstarrt. Diese Erstarrung lässt sie so dumpf und stumpfsinnig erscheinen. Wir brauchen eine völlig neue Art der Erziehung in dieser Welt! Ein geborener Dichter erweist sich als Dummkopf in der Mathematik, und ein Mensch, der ein großer Mathematiker hätte werden können, stopft sich unnötig mit Geschichte voll und fühlt sich dann minderwertig. Alles geht drunter und drüber, weil die Ausbildung nicht euren natürlichen Anlagen entspricht. Unsere Erziehung zollt dem Individuum nicht den geringsten Respekt, sie zwingt alle in ein bestimmtes Muster. Dieses Muster mag zufälligerweise für ein paar Menschen passend sein, aber die Mehrheit geht unter und daran zugrunde. Es ist die größte Qual im Leben, sich dumm, minderwertig und unintelligent zu fühlen.

Aber kein Mensch wird unintelligent geboren, keiner kann ohne Intelligenz zur Welt kommen, denn wir kommen von Gott, und Gott ist die reine Intelligenz. Wir bringen etwas von diesem Duft, diesem Aroma Gottes mit, wenn wir auf die Welt kommen. Aber sofort stürzt sich die Gesellschaft auf euch und fängt an zu manipulieren, euch zu verändern, zu belehren, dies und jenes zu beschneiden, anderes hinzuzufügen, und schon bald habt ihr jede Form verloren.

Die Gesellschaft möchte euch zu gehorsamen, orthodoxen Konformisten machen, und auf diese Weise wird eure Intelligenz zerstört. Mir geht es darum, euch aus diesem aufgezwungenen Muster herauszuholen. Ihr lebt in Gefängniszellen – und ihr könnt herauskommen. Aber es ist schwierig, denn diese Verhaltensmuster sind nicht mehr nur wie Zwangsjacken, die ihr tragt – sie sind zu eurer zweiten Haut geworden. Ihr habt derartig lange damit gelebt, dass sie nur schwer abgeworfen werden können, denn sie sind eure gesamte Identität. Aber sie müssen fallen gelassen werden, wenn ihr euer wahres Wesen zurückgewinnen wollt.

Wenn man wirklich intelligent sein will, muss man zum Rebellen werden. Nur ein Mensch, der rebelliert, beweist, dass er Intelligenz besitzt.

Aber was verstehe ich unter Rebellion? Damit meine ich das Fallenlassen von allem, was euch gegen euren Willen aufgezwungen wurde: die Moral, die Religion, die Politik –

was es auch sein mag. Werft alles von euch ab, was euch gegen euren Willen aufgezwungen wurde! Sucht wieder herauszufinden, wer ihr eigentlich seid. Fangt wieder völlig von vorne an. Bedenkt, dass ihr eure Zeit bis jetzt verschwendet habt, weil ihr anderen gefolgt seid.

Kein Mensch ist dem anderen gleich, jeder ist einzigartig. Das ist das Wesen der Intelligenz. Und jeder ist unvergleichlich. Vergleiche dich nie mit irgend einem anderen Menschen. Wie kannst du irgendwelche Vergleiche anstellen? Du bist du – und der andere ist der andere. Ihr seid euch nicht ähnlich, also ist ein Vergleich unmöglich. Aber man hat uns beigebracht, Vergleiche anzustellen, und wir sind ständig damit beschäftigt, uns direkt oder indirekt, bewusst oder unbewusst mit anderen zu vergleichen.

Aber wenn man sich mit anderen vergleicht, kann man sich selbst niemals respektieren. Irgendjemand sieht immer besser aus als du, ist größer als du, gesünder als du oder sonstwas – irgendjemand hat eine so wohlklingende, musikalische Stimme – und du brichst unter der Bürde deiner Vergleiche immer mehr zusammen. Es gibt Millionen von Menschen! Irgendwann wirst du von deinen Vergleichen einfach erdrückt!

Du hattest eine wunderschöne Seele, ein wunderbares Wesen, das aufblühen wollte, das sich zu einer goldenen Blume entfalten wollte – aber du hast es niemals zugelassen. Wirf alles beiseite, sei unbeschwert! Fordere deine Unschuld zurück, gewinne deine Kindheit wieder.

Jesus hatte Recht, als er sagte: „Solange ihr nicht neu geboren seid, kommt ihr nicht in das Himmelreich Gottes“. Ich sage dasselbe: Solange ihr nicht neu geboren seid …

Lasst euer Dasein als Sannyasins zu einer Neugeburt werden. Werft all den Unrat ab, den man euch aufgebürdet hat. Seid taufrisch und fangt noch einmal von vorne an. Dann werdet ihr euch wundern, wie viel Intelligenz augenblicklich freigesetzt wird.

Du fragst: *Was genau ist Intelligenz?* Es ist die Fähigkeit, zu sehen, die Fähigkeit, zu verstehen, die Fähigkeit, dein eigenes Leben deiner eigenen Natur entsprechend zu leben. Das ist es, was Intelligenz ist.

Und was ist Dummheit? Anderen zu folgen, andere nachzuahmen, anderen zu gehorchen, die Welt durch ihre Augen zu betrachten. Zu versuchen, ihr Wissen als dein Wissen auszugeben – das ist Dummheit. Das ist der Grund, warum die Gelehrten fast ausnahmslos dumm sind. Sie sind Papageien, die alles nachplappern, Grammophonplatten, die alles getreulich nachsagen können, aber sobald eine neue Situation entsteht, die nicht in ihren Büchern beschrieben wird, sind sie verloren. Diese Leute haben keinen Funken Intelligenz. Intelligenz ist die Fähigkeit, in jeder Lebenssituation neu und unbeschwert zu agieren, ohne vorgefasstes Programm. Nur unintelligente Leute haben ein Programm. Sie sind ängstlich, weil sie wissen, dass sie nicht genügend Intelligenz haben, dem Leben so, wie es ist, gegenüberzutreten. Sie müssen sich vorbereiten, Proben machen. Sie bereiten eine Antwort vor, bevor die Frage überhaupt gestellt wurde, und damit erweisen sie sich als unintelligent, denn die Frage bleibt nie die gleiche. Das Leben stellt immer neue Fragen.

Jeder Tag bringt seine eigenen Probleme und stellt seine eigenen Anforderungen. Und jeder Moment erhebt seine eigene Frage. Wenn ihr irgendwelche vorgefertigten Antworten im Kopf habt, seid ihr noch nicht einmal in der Lage, die Frage richtig zu verstehen. Ihr seid so voll von eurer Antwort, dass ihr nicht fähig seid, richtig hinzuhören, und alles, was ihr tut, entspricht eurer vorgefertigten Antwort, die irrelevant ist, die nichts mit der Realität, so wie sie ist, zu tun hat.

Intelligenz ist, der Realität unvorbereitet zu begegnen. Es hat eine ungeheure Schönheit, dem Leben unvorbereitet ins Auge zu sehen. Dann ist das Leben neu und jung. Dann hat das Leben einen Fluss, eine Frische ... und birgt viele Überraschungen. Und wenn das Leben voller Überraschungen ist, langweilt man sich nie.

Dumme Leute sind immer gelangweilt. Sie langweilen sich, weil sie ihre Antworten von anderen übernommen haben und diese Antworten ständig wiederholen. Sie langweiligen sich, weil ihre Augen vom Verstandeswissen so verklebt sind, dass sie nicht sehen können, was wirklich passiert. Sie wissen zu viel, ohne irgendetwas wirklich zu wissen. Diese Menschen sind nicht weise, sondern nur gelehrt. Wenn sie eine Rose betrachten, sehen sie nicht diese Rose. Alle Rosen, über die die Dichter gesprochen haben, alle Rosen, die von irgendwelchen Malern gemalt und von den Philosophen diskutiert wurden, stehen ihnen vor Augen. Eine endlose Kette von Erinnerungen und Informationen. Diese Rose, die jetzt vor ihnen steht, geht in einer Masse von Informationen unter. Sie wird nicht wahrgenommen. Solche Menschen können sie nicht sehen, sie können nur wiederholen: „Die Rose ist schön" – und diese Worte sind ebenfalls nicht ihre eigenen, sie sind nicht wahr, sie sind unaufrichtig. Es ist die Stimme eines anderen – sie lassen nur ein Tonband ablaufen. Dummheit ist Wiederholung: andere einfach zu wiederholen. Das ist billige Ware. Billig, weil man dann selbst nichts lernen muss.

Es ist mühsam, etwas zu lernen, dazu gehört Mut. Zu lernen bedeutet, demütig zu sein; etwas Neues anzunehmen. Lernen bedeutet, in einer unegoistischen Verfassung zu sein. Man kann nie wissen, wohin dieser Lernprozess führt.

Das Leben eines Menschen, der immer weiter lernt, bleibt unvorhersagbar; es ist nicht vorauszusagen, was ein Lernender tun wird. Er selbst kann nicht vorhersagen, was morgen sein wird und wo er morgen sein wird. Er bewegt sich in einem Zustand des Nicht-Wissens von einer Handlung zur anderen. Nur wenn man in einem Zustand des Nicht-Wissens, des unaufhörlichen Nicht-Wissens lebt, lernt man. Deshalb lernen Kinder so leicht. Wenn sie dann älter werden, hören sie allmählich auf zu lernen, weil sich schon eine Menge Wissen in ihren Köpfen angesammelt hat und es einfach und billig ist, dieses Wissen zu wieder holen. Warum sich anstrengen? Es ist billig und leicht, dem alten Muster zu folgen, im Kreis herumzulaufen. Aber dann überkommt einen die Langeweile. Dummheit und Langeweile gehen Hand in Hand.

Ein intelligenter Mensch ist so frisch wie die Tautropfen in der Morgensonne, so blank wie die Sterne in der Nacht. Er ist neu, so neu wie eine frische Brise, und jeder kann es fühlen. Intelligenz ist die Fähigkeit, immer wieder neu geboren zu werden. Intelligenz ist, der Vergangenheit gegenüber zu sterben, in der Gegenwart zu leben.

Du hast weiter gefragt: *In welcher Beziehung steht die Intelligenz des Herzens zu der Intelligenz des Verstandes?*

Sie sind einander genau entgegengesetzt. Die Intelligenz des Kopfes ist überhaupt keine Intelligenz, sondern Gelehrtheit. Nur die Intelligenz des Herzens ist wirkliche Intelligenz und die einzige Intelligenz, die es gibt. Der Kopf ist nichts weiter als ein Speichergerät. Was er speichert ist immer alt: es ist nie neu, nie originell.

Der Kopf ist gut – für bestimmte Zwecke brauchbar –, zum Einordnen von Wissen ist er bestens geeignet. Man braucht ihn zum Leben, viele Dinge müssen im Gedächtnis gespeichert werden. Der Verstand, der Kopf, ist ein biologischer Computer. Man kann ungeheure Mengen von Wissen darin aufspeichern und wenn nötig, immer wieder abrufen. Er ist gut für mathematische Kalkulationen, gut für das alltägliche Leben auf dem Marktplatz. Aber wenn du denkst, das sei dein ganzes Leben, bleibst du dumm. Du erfährst nie, wie schön es ist, zu fühlen, du erlebst nie den Segensreichtum des Herzens, und du empfängst die Gnade nie, die nur mit dem Herzen gefühlt werden kann. Du kannst Gott nicht erfahren, und du wirst niemals erleben, was Andacht, was Poesie, was Liebe ist.

Die Intelligenz des Herzens bringt Poesie in dein Leben, beflügelt deine Schritte und erfüllt dein Leben mit Festlichkeit und Freude. Sie schenkt dir das Lachen, den Sinn für Humor. Sie gibt dir die Fähigkeit, zu lieben und mit anderen zu teilen, und das ist das wahre Leben.

Ein Leben, das vom Kopf bestimmt wird, ist ein mechanisches Leben. Du wirst zum Roboter, der vielleicht sehr leistungsfähig sein mag ... Roboter sind leistungsfähig. Maschinen sind natürlich leistungsfähiger als Menschen. Du kannst durch Kopfarbeit zu viel Geld kommen, aber nicht zu Lebendigkeit. Dann hast du vielleicht einen höheren Lebensstandard, aber du lebst nicht wirklich. Nur das Herz lebt, und das Leben kann sich nur durch das Herz entfalten. Das Herz ist der Nährboden, auf dem die Liebe wächst, auf dem das Leben und das Göttliche gedeihen. Alles Schöne, alles wahrhaft Wertvolle, alles, was wichtig und sinnvoll ist, kommt aus dem Herzen. Das Herz ist das Zentrum deines Wesens.

Der Kopf ist nur die Peripherie. Im Kopf zu leben bedeutet, an der Oberfläche zu leben, ohne die Schönheit und den Reichtum des Zentrums jemals wahrzunehmen.

An der Peripherie zu leben ist reine Dummheit. Im Kopf leben, das ist Dummheit! Im Herzen zu leben und den Kopf immer dann zu gebrauchen, wenn es nötig wird, ist Intelligenz. Aber das Zentrum, der innere Meister, sitzt im tiefsten Kern deines Wesens. Der Kopf ist nur ein Diener, der Meister ist das Herz. Das ist Intelligenz. Wenn der Kopf zum Meister wird und das Herz völlig vergessen, ist man dumm. Es ist deine Sache, dich für das eine oder das andere zu entscheiden. Vergiss nicht, dass der Kopf ein ausgezeichneter Diener ist, zu vielem zu gebrauchen – aber er ist ein sehr gefährlicher Meister. Als dein Meister zerstört und vergiftet er dein ganzes Leben.

Du brauchst dich nur umzuschauen: Das Leben der Menschen ist vergiftet, vom Kopf vergiftet. Sie fühlen nichts, sie sind völlig unsensibel, sie sind von nichts mehr aufrichtig begeistert. Die Sonne geht auf, aber nichts geht gleichzeitig in ihrem Inneren auf. Sie betrachten den Sonnenaufgang mit leeren Augen. Die Sterne erscheinen am Nachthimmel – ein einziges Wunder, ein Mysterium –, aber in ihrem Herzen rührt sich nichts, kein Lied steigt aus ihrem Herzen auf. Die Vögel singen, aber der Mensch hat vergessen, wie man singt. Die Wolken ziehen am Himmel und die Pfaue tanzen, aber der Mensch weiß nicht mehr, wie man tanzt. Er ist zum Krüppel geworden. Die Bäume stehen in voller Blüte, aber der Mensch denkt – und wenn man kein Gefühl hat, gibt es kein Erblühen.

Beobachte, prüfe dich, schau genau hin. Sieh dir dein Leben noch einmal genauer an. Niemand kann dir helfen. Du hast dich lange genug von anderen abhängig gemacht, deshalb bist du so dumm geworden. Jetzt pass ein bisschen mehr auf.

Die Verantwortung liegt bei dir. Du bist es dir selbst schuldig, einen wirklich tiefen und durchdringenden Blick darauf zu werfen, was du mit deinem Leben machst. Hast du irgendwelche Poesie im Herzen? Wenn nicht, dann vergeude keinen Augenblick! Hilf deinem Herzen Poesie in dein Leben zu weben. Gibt es noch irgendwelche Romantik in deinem Leben oder nicht? Wenn nicht, dann liegst du schon jetzt im Grab. Komm heraus aus deiner Gruft! Geh wieder auf Entdeckungsreise. Millionen von Schönheiten und Herrlichkeiten warten auf dich.

Du läufst ständig in den Außenbezirken herum und betrittst nie den Tempel des Lebens. Das Herz ist die Tür zu diesem Tempel. Darum sage ich, dass wahre Intelligenz vom Herzen kommt. Intelligenz ist nicht intellektuell, sondern emotional: nicht Denken, sondern Fühlen.

Nicht Logik, sondern Liebe.

Manchmal, wenn ich meditiere, kommt in mir die Frage hoch: Was ist Wahrheit? Die Frage kommt mit einer solchen Macht: Was ist Wahrheit?

Das ist die wichtigste Frage, die einem überhaupt in den Sinn kommen kann, aber es gibt keine Antwort darauf. Die wichtigste Frage, die letztmögliche Frage, kann keine Antwort haben; eben darum ist sie die letztmögliche.

Als Pontius Pilatus von Jesus wissen wollte: „Was ist Wahrheit?“, schwieg Jesus. Und nicht nur das – es heißt, Pontius Pilatus habe die Antwort nicht einmal abgewartet, nachdem er die Frage „Was ist Wahrheit?“ gestellt hatte. Er verließ den Raum und ging weg! Das ist sehr seltsam. Pontius Pilatus meint ebenfalls, dass es darauf keine Antwort geben könne – darum wartet er nicht die Antwort ab. Jesus schwieg, weil er ebenfalls weiß, dass sie nicht zu beantworten ist.

Aber diese zwei Varianten des Verstehens sind nicht gleich; denn diese beiden Personen sind diametral entgegengesetzt. Pontius Pilatus glaubt, sie könne nicht beantwortet werden, weil es gar keine Wahrheit gebe; wie also kann man dann antworten? Da sieht man den logischen Kopf, den römischen Kopf. Jesus schweigt nicht, weil es keine Wahrheit gibt, sondern weil die Wahrheit so unendlich ist – sie ist nicht definierbar! Die Wahrheit ist so riesig – unermesslich! Sie lässt sich nicht in ein Wort zwängen, sie lässt sich nicht auf Sprache reduzieren. Sie ist da. Man kann sie sein, aber man kann sie nicht sagen.

Aus zwei verschiedenen Gründen haben sie sich praktisch identisch verhalten: Pontius wartete nicht erst die Antwort ab, er wusste bereits, dass es keine Wahrheit gibt. Jesus schwieg, weil er die Wahrheit wusste – und wusste, dass sie nicht gesagt werden kann. Es ist Chidvilas, der diese Frage gestellt hat. Die Frage ist absolut triftig. Es gibt keine höhere Frage als diese, denn es gibt keine Religion, die über der Wahrheit stünde.

Das muss verstanden werden. Die Frage muss analysiert werden. Wenn ihr die Frage analysiert, die Frage selbst zu verstehen versucht, könnt ihr vielleicht einen Einblick gewinnen, was Wahrheit ist. Ich werde es nicht beantworten, ich kann es nicht beantworten. Niemand kann es beantworten. Aber wir können tief in die Frage hineingehen. Indem wir tief in die Frage gehen, wird die Frage langsam verschwinden. Wenn die Frage verschwunden ist, werdet ihr die Antwort finden – dort, im tiefsten Kern eures Herzens, seid ihr Wahrheit, wie könnt ihr sie also verfehlen? Vielleicht habt ihr es vergessen, vielleicht habt ihr es aus den Augen verloren, vielleicht habt ihr vergessen, wie das geht – in sein eigenes Sein, in seine eigene Wahrheit hineinzugehen.

Die Wahrheit ist keine Hypothese, die Wahrheit ist kein Dogma. Die Wahrheit ist weder hinduistisch noch christlich noch muslimisch. Die Wahrheit gehört weder dir noch mir. Die Wahrheit gehört niemandem, aber jeder gehört der Wahrheit. Wahrheit heißt: „Das, was ist", das ist die genaue Wortbedeutung. Es kommt aus einer lateinischen Wurzel: *vera*. *Vera* bedeutet: Das, was ist. Im Englischen gibt es ein paar Wörter, die aus der lateinischen Wurzel *vera* stammen: *was, were* – die kommen von *vera*. Das deutsche „war" – auch das kommt von *vera* … *Vera* heißt: Das, was ist, uninterpretiert. Sobald sich eine Interpretation einschleicht, ist das, was du weißt, Realität, nicht Wahrheit.

Das ist der Unterschied zwischen Realität und Wahrheit: Realität ist interpretierte Wahrheit. Im selben Moment also, wo du auf „Was ist Wahrheit?“ antwortest, wird Realität draus, ist es nicht länger Wahrheit. Eine Deutung hat sich eingemischt, der Verstand hat sie gefärbt. Und Realitäten gibt es so viele, wie es Köpfe gibt. Es gibt nur Multi-Realitäten – Wahrheit ist eins. Denn Wahrheit wird nur dann erkannt, wenn der Verstand nicht da ist. Der Verstand ist es, der euch von mir getrennt hält, von anderen getrennt hält, von der Existenz getrennt hält. Wenn ihr durch den Verstand schaut, dann ist es der Verstand, der euch ein Bild der Wahrheit geben wird, und es wird nur ein Abbild, ein Foto dessen sein, was ist. Und natürlich hängt das Foto von der Kamera ab, von dem Film, der benutzt wird, von den Chemikalien … davon, wie es entwickelt wurde, wie es abgezogen wurde, wer es gemacht hat. Tausenderlei Sachen treten dazwischen – es wird Realität.

Auch das Wort Realität hat einen schönen Wortsinn. Es kommt aus der Wurzel *res*, was „Ding“ oder „Dinge“ bedeutet. Die Wahrheit ist kein Ding. Ist sie aber erst einmal gedeutet, erst einmal vom Verstand aufgegriffen, definiert, abgesteckt worden, wird sie zum Ding.

Wenn du dich in eine Frau verliebst, ist eine gewisse Wahrheit da – wenn es dir absolut unbewusst passiert ist, wenn du es in keiner Weise „gemacht“ hast, wenn du nicht gehandelt, nicht manipuliert, wenn du nicht einmal darüber nachgedacht hast. Plötzlich siehst du eine Frau, schaust ihr in die Augen, sie schaut dir in die Augen, und etwas macht klick.

Du bist dabei nicht der Macher, es ergreift einfach Besitz von dir, du plumpst einfach da hinein. Es hat nichts mit dir zu tun. Dein Ego spielt keine Rolle, jedenfalls nicht am allerersten Anfang, wenn die Liebe noch jungfräulich ist. In dem Moment ist Wahrheit da, aber völlig ungedeutet. Eben darum entzieht sich die Liebe jeglicher Definition.

Bald tritt der Verstand auf den Plan, fängt an, alles in die Hand zu nehmen, Besitz von dir zu ergreifen. Du fängst an, von dem Mädchen als „deiner Freundin" zu denken, du fängst an, ans Heiraten zu denken, du fängst an, von der Frau als „deine Frau" zu denken. Nun, das alles sind Dinge: die Freundin, die Ehefrau – das alles sind Dinge. Die Wahrheit ist nicht mehr da, hat sich zurückgezogen. Jetzt werden Dinge wichtiger. Das Definierbare ist sicherer, das Undefinierbare ist unsicher. Du hast angefangen, die Wahrheit zu töten, zu vergiften. Früher oder später wird eine Ehefrau und ein Ehemann da sein – zwei Dinge. Aber die Schönheit ist weg, die Freude ist verschwunden, die Flitterwochen sind vorbei.

Die Flitterwochen sind exakt in demjenigen Moment vorbei, wo die Liebe zur Beziehung wird. Die Flitterwochen sind sehr kurz, leider; wobei ich nicht von den Flitterwochen spreche, die ihr macht. Die Flitterwochen sind sehr kurz. Vielleicht gab es sie nur für einen einzigen Moment – aber welch eine Reinheit, welch eine kristallklare Reinheit, welch eine Göttlichkeit, welch eine Jenseitigkeit … das kommt aus dem Jenseits, das kommt nicht aus der Zeit. Das gehört nicht dieser profanen Welt an, es ist so etwas wie ein Lichtstrahl, der in ein dunkles Loch fällt. Es kommt aus der transzendentalen Welt. Es ist absolut zutreffend, die Liebe „Gott" zu nennen. Nirgendwo im gewöhnlichen Leben kommt ihr der Wahrheit näher als in der Liebe.

Du fragst: *„Was ist Wahrheit?"*

Das Fragen muss verschwinden; erst dann erkennst du.

Wenn du fragst: *„Was ist Wahrheit?“* – was fragst du damit? Wenn ich sage: „A ist die Wahrheit, B ist die Wahrheit, C ist die Wahrheit“, wird das dann die Antwort sein? Wenn ich sage: „A ist die Wahrheit“, dann kann A mit Sicherheit nicht die Wahrheit sein, sondern ist etwas anderes, das ich als Synonym für die Wahrheit gebrauche. Wenn es absolut synonym ist, dann wird es eine Tautologie sein. Dann kann ich auch sagen: „Wahrheit ist Wahrheit“, aber das ist albern, sinnlos.

Nichts ist damit gelöst. Wenn es exakt das Gleiche ist, wenn A die Wahrheit ist, dann heißt das, dass die Wahrheit die Wahrheit ist. Wenn A etwas anderes ist, nicht exakt die Wahrheit ist, dann verfälsche ich. Dann trifft die Aussage: „A ist die Wahrheit“ nur ungefähr. Und vergiss nicht, da kann es nichts Ungefähres geben. Entweder die Wahrheit ist oder sie ist nicht. Also kann ich nicht sagen: „A ist die Wahrheit.“ Ich kann nicht einmal sagen: „Gott ist die Wahrheit“, denn wenn Gott die Wahrheit ist, dann ist es wieder eine Tautologie: „Wahrheit ist Wahrheit“. Dann ist damit überhaupt nichts gesagt.

Wenn Gott etwas anderes ist als die Wahrheit, dann mag zwar etwas damit gesagt sein, aber dann sage ich etwas Unwirkliches. Dann ist Gott eben etwas anderes, wie kann er also die Wahrheit sein? Wenn ich sage, es ist ungefähr, klingt es linguistisch richtig, aber es ist nicht richtig. „Ungefähr“ heißt, da ist eine Lüge, da stimmt etwas nicht. Denn warum sonst ist es nicht hundert Prozent die Wahrheit? Wenn es neunundneunzig Prozent die Wahrheit ist, dann ist etwas da, das nicht die Wahrheit ist. Und Wahrheit und Unwahrheit können nicht zusammen existieren, genausowenig wie Dunkel und Licht zusammen existieren können – denn Dunkelheit ist nichts als Abwesenheit.

Abwesenheit und Anwesenheit können nicht koexistieren, Wahrheit und Unwahrheit können nicht koexistieren. Unwahrheit ist nichts als die Abwesenheit von Wahrheit.

Es ist also keine Antwort möglich; darum blieb Jesus still. Aber wenn ihr es euch mit tiefer Einfühlung anschaut, wenn ihr in die Stille von Jesus hineinschaut, werdet ihr eine Antwort bekommen. Stille ist die Antwort. Jesus sagt damit: „Sei still, so wie ich still bin, und du wirst erkennen" – ohne es mit Worten zu sagen. Es ist eine Geste, es ist sehr, sehr zenmäßig. In jenem Moment, da Jesus still blieb, kommt er dem Weg des Zen, dem buddhistischen Ansatz, sehr nahe. Er ist ein Buddha in jenem Moment.

Buddha beantwortete Fragen dieser Art nie. Er hatte eine Liste von elf Fragen. Wo immer er hinkam, machten seine Jünger die Runde und erklärten den Leuten: „Stellt Buddha nie folgende elf Fragen …" – lauter Fragen, die grundsätzlich sind, Fragen, die wirklich bedeutsam sind. Man konnte alles andere fragen, und Buddha war immer bereit zu antworten. Aber fragt nicht nach dem Grundsätzlichen, weil das Grundsätzliche nur erfahren werden kann. Und die Wahrheit ist das Grundsätzlichste überhaupt; die eigentliche Substanz der Existenz – das ist die Wahrheit.

Geh in die Frage hinein. Die Frage ist sinnvoll, sie kommt dir aus dem Herzen: „Was ist Wahrheit?" – ein Verlangen steigt auf, zu erkennen, was ist. Schieb es nicht beiseite, geh da hinein. Wann immer es wieder passiert, schließe die Augen, geh hinein in die Frage. Lass den Fokus der Frage ganz, ganz scharf werden – „Was … ist … Wahrheit?"

Lass eine große Konzentration aufsteigen. Vergiss alles andere, als hinge dein ganzes Leben von dieser einfachen Frage ab: „Was ist Wahrheit?" lass es zu einer Sache von Leben und Tod werden. Und versuche nicht, sie zu beantworten, denn du weißt die Antwort nicht. Zwar mögen Antworten kommen. Der Verstand versucht immer, Antworten zu liefern. Aber sieh die Tatsache, dass du es nicht weißt; deswegen fragst du ja. Wie kann dein Verstand dir also eine Antwort liefern? Der Verstand weiß keine, also sag dem Verstand: „Halt den Mund! Wenn du es wüsstest, wäre die Frage nicht nötig."

Du weißt es nicht, daher die Frage.

Lass dich also nicht von den Spielsachen des Verstandes täuschen. Er kommt dir mit Spielsachen. Er sagt: „Sieh doch, in der Bibel steht… Sieh doch, in den Upanishaden steht … hier ist die Antwort! Sieh doch, das hier hat Laotse gesagt, hier ist die Antwort." Der Verstand kann dir alle möglichen Schriften hinwerfen. Der Verstand kann zitieren, der Verstand kann dich aus dem Gedächtnis beliefern. Du hast vieles gehört, du hast vieles gelesen, der Verstand schleppt all diese Erinnerungen mit. Er kann mechanisch nachplappern. Aber sieh in dieses Phänomen hinein: dass der Verstand es nicht weiß. Und alles, was der Verstand nachplappert, ist geborgt, und das Geborgte kann nicht helfen.

An einem Bahnübergang waren die Schranken geschlossen. Ein Mann saß in seinem Auto und wartete auf den Zug; dabei las er ein Buch. Ein Betrunkener, der neben den Schranken saß, näherte sich dem Auto, und klopfte an das Fenster des klimatisierten Wagens. Der Mann öffnete das Fenster und sagte: „Was kann ich für dich tun? Brauchst du Hilfe?"

Der Penner sagte: „Ja, seit zwei Tagen habe ich keinen Bissen gegessen. Können Sie mir zwei Rupien geben? Das wird mir reichen, nur zwei Rupien."

Der Mann lachte und sagte: „Verleihe nichts und borg

nie Geld!“, zeigte dabei auf sein Buch und sagte: „Shakespeare – Shakespeare sagt Nein. Da, sieh!“ Der Penner zog ein schmuddeliges Taschenbuch aus seiner Jacke, zeigte auf eine Seite und sagte zu dem Mann: „Verdammtes Arschloch – D. H. Lawrence!“

Hüte dich vor dem Verstand. Der Verstand zitiert immer nur, der Verstand weiß alles, ohne das Geringste zu wissen. Der Verstand ist ein Hochstapler. Sieh in dieses Phänomen hinein: Das nenne ich Einsicht! Es ist nicht eine Frage des Denkens. Wenn du darüber nachdenkst, ist es wieder nur der Verstand. Du musst ihn bis auf den Grund durchschauen. Du musst tief in das Phänomen selbst hineinschauen – die Funktionsweise des Verstandes, wie der Verstand funktioniert. Er borgt sich hier was und da was, er borgt immer nur und hamstert. Er ist ein Hamsterer, ein Horter von Wissen. Der Verstand wird sehr neunmalklug. Und dann, wenn du irgendwann eine Frage stellst, die wirklich wichtig ist, gibt der Verstand dir eine völlig belanglose Antwort darauf – sinnlos, oberflächlich, Schrott.

Ein Mann besorgt sich einen Papagei aus dem Zoo-Geschäft. Der Ladenbesitzer versichert ihm, der Vogel werde binnen einer halben Stunde lernen, „Hallo“ zu sagen. Zu Hause angekommen, macht er eine Stunde lang dem Papagei „Hallo!“ vor, aber kein Wort von dem Vogel. Als er sich in schierer Verzweiflung abwendet, krächzt der Vogel: „Kein Anschluss unter dieser Nummer!“

Ein Papagei ist ein Papagei. Er muss es im Zoo-Geschäft gehört haben. Und dieser Mann war ihm mit seinem ewigen

„Hallo! Hallo! Hallo!" gekommen, und der Vogel hatte zugehört und wollte nur, dass er endlich damit aufhörte. Da fiel ihm ein, dass er „Kein Anschluss unter dieser Nummer" sagen konnte.

Du kannst den Verstand immerzu fragen: „Was ist Wahrheit, was ist Wahrheit, was ist Wahrheit?" Und kaum hörst du damit auf, wird der Verstand sofort sagen: „Kein Anschluss unter dieser Nummer" oder dergleichen. Der Verstand wird dir jedenfalls eine Antwort geben. Hüte dich vor dem Verstand. Der Verstand ist der Teufel, es gibt keinen anderen Teufel. Und es ist dein Verstand. Diese Einsicht muss entwickelt werden – dieses Durchschauen-bis-auf-den-Grund. Hau den Verstand entzwei und geh schnurstracks hindurch, geh über ihn hinaus! Und wenn du durch den Verstand über den Verstand hinausgehen kannst, und es steigt ein Moment des Nicht-Verstandes in dir auf, dann ist die Antwort da – keine Antwort in Worten, kein Schriftzitat, keine in Anführungszeichen, sondern authentisch deine – kurz, eine Erfahrung.

Die Wahrheit ist eine existenzielle Erfahrung.

Die Frage ist ungeheuer triftig, aber du wirst die Frage mit großem Respekt behandeln müssen. Hab es nicht eilig, eine Antwort zu finden, sonst wird irgendwelcher Schrott die Frage töten. Erlaube deinem Verstand nicht, die Frage zu töten. Und der Verstand tötet die Frage damit, dass er Antworten liefert – ungelebte, unerfahrene.

Du bist die Wahrheit! Aber sie kann nur in äußerster Stille kommen, wenn sich kein einziger Gedanke regt, wenn der Verstand nichts zu sagen hat, wenn keine einzige Welle sich in deinem Bewusstsein kräuselt. Wenn dein Bewusstsein spiegelglatt ist, bleibt es unverzerrt. Sobald eine Welle es kräuselt, setzt Verzerrung ein.

Geh einfach einmal an einen See, stell dich ans Ufer und schau auf dein Spiegelbild. Wenn Wellen da sind, kleine Kräusel auf dem See, und der Wind bläst, verwackelt dein Spiegelbild. Du kannst nicht erkennen, was was ist, wo deine Nase ist und wo deine Augen sind – du kannst nur raten. Aber wenn der See still ist und der Wind nicht bläst und keine einzige Welle die Oberfläche kräuselt, bist du plötzlich da. In absoluter Vollkommenheit ist das Spiegelbild da, wird der See zum Spiegel.

Wann immer ein Gedanke durch dein Bewusstsein zieht, bringt er Verzerrung. Und es gibt viele Gedanken, Millionen von Gedanken, immer in Hast, und immer ist Stoßverkehr.

Vierundzwanzig Stunden lang ist Stoßverkehr, und der Verkehr geht immer und immer weiter, und an jedem Gedanken hängen Tausende von anderen Gedanken. Sie halten sich alle bei den Händen und sind aneinandergekettet, kreuz und quer verkettet, und der ganze Mob keilt dich ein. Wie kannst du da erkennen, was Wahrheit ist? Komm raus aus dem Mob!

Genau das heißt Meditation. Genau darum geht es bei Meditation: ein Bewusstsein ohne Verstand, ein Bewusstsein ohne Gedanken, ein Bewusstsein ohne Schwanken – ein regloses Bewusstsein. Dann ist sie da, und alles ist Schönheit und Segen.

Dann ist sie da, die Wahrheit – nenne sie Gott, nenne sie *nirvana* oder wie immer du es nennen willst. Sie ist da, und sie ist da als Erfahrung. Du bist in ihr, und sie ist in dir.

Nutze diese Frage. Mache sie dringlicher. Mache sie so durchdringend, setze alles so aufs Spiel, dass der Verstand dich nicht mit seinen oberflächlichen Antworten zum Narren halten kann.

Sobald der Verstand verschwindet, sobald der Verstand seine alten Tricks nicht mehr spielen kann, wirst du erkennen, was Wahrheit ist. Du wirst es in Stille erkennen. Du wirst es in gedankenleerer Bewusstheit erkennen.

Kaum etwas im Leben genieße ich mehr, als wenn du den Zustand der Erleuchtung beschreibst. Kannst du noch einmal etwas über das Unsagbare sagen?

Es ist wahr, dass es nichts Schöneres, nichts Seligeres gibt als Erleuchtung – und sei es nur das Sprechen darüber, sei es nur das weit entfernte Echo, sei es nur der Schatten davon. Der Mond, der sich im Wasser spiegelt, ist nicht der wirkliche Mond, und dennoch hat er eine unerhörte Schönheit. Und wenn die Wasser deines Geistes ruhen, dann ist der Mond, der sich in diesen Wassern spiegelt, haargenau gleich.

Sie ist dann zwar nicht eure Erfahrung, aber sie ist die Erfahrung eines Menschen, den ihr liebt, ist die Erfahrung eines Menschen, dem ihr vertraut. Und nur weil ihr liebt und vertraut, beginnt ihr, an dieser Erfahrung auf subtile Weise teilzuhaben.

Es ist ganz sicher schwer, überhaupt etwas darüber zu sagen, obwohl ich mein ganzes Leben lang davon gesprochen habe – und über nichts anderes gesprochen habe!

Selbst wenn ich über andere Dinge zu sprechen scheine, spreche ich nur, um euch zum Verständnis der Erleuchtung hinzuführen. Sie ist dein Zustand der Stille, sie ist dein Zustand der Universalität.

Sie ist du – ohne das Ego und seine Probleme.

Sie ist du – ohne irgendwelche Fragen und auch ohne irgendeine Antwort, einfach still. Und es gibt keine Freude, die diese Stille übersteigen kann.

Sie ist reines Licht, reines Entzücken.

Ich kann deine Fragen verstehen.

Einfach nur davon zu hören, wieder und wieder, ist ein notwendiges Bedürfnis … damit du nicht vergisst, warum du hier bist.

Ich habe alle akademischen Grade,
die eine Universität vergeben kann.
Warum bin ich immer noch unwissend?

Wissen ist nicht in der Lage, Unwissenheit zu vertreiben. Wissen ist ein Scheinphänomen; es hat mit Weisheit nichts zu tun, es ist genau das Gegenteil von Weisheit. Wissen ist geliehen. Weisheit ist das Aufblühen deines inneren Wesens. Du kannst dir eine Plastikrose leihen, aber wenn du echte Rosen willst, musst du sie in deinem eigenen Innersten heranwachsen lassen.

Keine Universität kann sie dir geben, keine heilige Schrift kann sie dir geben, keine Gelehrtheit ist dazu in der Lage, alles vergebliche Mühen. Aber Millionen von Menschen haben sich seit Jahrtausenden auf diese Weise täuschen lassen. Ja, man kann dir Wissen vermitteln.

Viel zu wissen ist aber etwas ganz anderes, als etwas zu erkennen.

Ein Blinder kann viel über Licht wissen, aber er kennt das Licht nicht, er hat es nicht erfahren. Er kann alle erdenklichen Informationen über Licht zusammentragen, er kann diskutieren und philosophieren, er kann systematisieren, er kann großartige Abhandlungen über Licht schreiben, aber er hat die Freude am Licht nie verspürt, er hat noch keinen einzigen Lichtstrahl gesehen. Er hat keinen Regenbogen gesehen, nicht die Farben der Blumen, nicht die Flügel eines Schmetterlings. Er hat das Grün der Bäume nicht gesehen, er hat keine Sterne gesehen, keine Sonne, keinen Mond. Dies alles ist ihm entgangen. Und was er zusammengetragen hat, ist nichts als Müll.

Es ist besser, man ist unwissend und hat Augen, als dass man viel über Licht weiß und blind ist.

Aber die Universitäten existieren ganz speziell zu diesem Zweck: Keine Gesellschaft möchte, dass du weise wirst; das verstößt gegen das Eigeninteresse jeder Gesellschaft. Wenn die Leute weise sind, können sie nicht ausgebeutet werden. Wenn sie intelligent sind, kann man sie nicht unterjochen, kann man sie nicht zu einem mechanischen Leben, zu einem Roboterdasein zwingen. Sie werden sich durchsetzen, werden ihre Individualität durchsetzen. Sie werden ein Klima von Rebellion um sich verbreiten; werden in Freiheit leben wollen.

Die Freiheit kommt mit der Weisheit, unweigerlich. Beide sind unzertrennlich – und keine Gesellschaft will freie Menschen. Die kommunistische Gesellschaft, die faschistische Gesellschaft, die kapitalistische Gesellschaft, die hinduistische, die muslimische, die christliche Gesellschaft – keine Gesellschaft möchte, dass die Leute von ihrer eigenen Intelligenz Gebrauch machen, den sobald sie ihre Intelligenz einsetzen, werden sie gefährlich, gefährlich für das Establishment, gefährlich für alle Leute, die an der Macht sind, gefährlich für die Besitzenden, gefährlich für jede Art von Herrschaft, Ausbeutung, Unterdrückung, gefährlich für die Kirchen, gefährlich für den Staat, gefährlich für die Nation.

Tatsächlich ist ein weiser Mensch wie Feuer, lebendig, wie eine Flamme. Der Tod ist ihm lieber als Sklaverei. Der Tod bedeutet ihm nicht viel, aber sein Leben kann er nicht für alle möglichen Dummheiten, nicht an alle möglichen dummen Leute verkaufen. Er kann ihnen nicht dienen. Deswegen haben euch alle Gesellschaften seit ewigen Zeiten mit falschem Wissen gefüttert. Und genau das ist die

Funktion eurer Schulen, Hochschulen und Universitäten. Sie dienen nicht euch, vergesst das nicht, sie dienen der Vergangenheit, sie dienen den Machtinteressen. Natürlich blasen sie euer Ego mehr und mehr auf, sie geben euch ein Diplom nach dem andern. Dein Name wird immer länger, aber lediglich dein Name – du selbst wirst immer kleiner und kleiner. Schließlich kommt der Punkt, wo nur noch Titel da sind und der Mensch selbst völlig verschwunden ist. Erst trägt der Mensch die Titel, dann tragen die Titel den Menschen – er selbst ist längst tot.

Es ist nicht möglich, auf den Universitäten weise zu werden. Weisheit braucht einen ganz anderen Ansatz, einen diametral entgegengesetzten Ansatz. Wissen gehört zum Denken, Weisheit ist ein Zustand des Nicht-Denkens. Wissen schafft die Flasche um die Gans – eine schöne Flasche, mit wunderschönem Anstrich, aber doch nur eine Flasche. Innerhalb einer Flasche kann es keine wirklich lebende Gans geben. Innen kannst du nur eine ausgestopfte Gans haben – und genau das sind eure Gelehrten: gefüllte Tomaten, gefüllte Kartoffeln, aber alle gefüllt, vollgestopft mit Mist. Oder die Gans ist an die Innenseite der Flasche gemalt. Das sieht zwar von außen schön aus, aber in Wirklichkeit bleibt dir nur eine leere Flasche.

Und die Flasche wird immer schwerer, denn Wissen hat die Angewohnheit, immer mehr zu werden – es reproduziert sich unentwegt selbst. Wissen hält nichts von Geburtenkontrolle. Wenn du eine Sache weißt, dann treibt dich das zur nächsten, denn aus jeder beantworteten Frage wachsen zehn neue Fragen. Und so geht es immer weiter. Sind zehn Fragen beantwortet, warten hundert neue auf dich. Es breitet sich aus. Es wird immer größer und größer, und du gehst darin verloren.

Du fragst mich: Warum bin ich immer noch unwissend? Darum bist du unwissend: Du hast die Illusion des Wissens, die Illusion des Denkens noch nicht aufgegeben. Komm aus dem Kopf heraus. Das Denken ist die Flasche von der ich spreche. Sobald du das Denken sein lässt … und dein Denken existiert nur in deiner Vorstellung, es ist nicht wirklich, es ist eingebildet; es ist lediglich ein Fantasieprodukt.

Und der Augenblick ist gekommen, denn tatsächlich ist das eine große Einsicht, dass du gemerkt hast: Warum bin ich immer noch unwissend, wo ich doch alle akademischen Titel habe? Akzeptiere die Tatsache, dass all die Jahre, in denen du akademisches Wissen gesammelt hast, reine Verschwendung waren. Komm da raus! Und im gleichen Augenblick, in dem du aus dem Kopf raus bist, bist du aus der Flasche raus. Siehst du? … die Gans ist raus! Und die ganze Freiheit des offenen Himmels, die ganze Freiheit des Erkennen-Könnens …

Erst neulich habe ich gelesen: „Was ist die Bedeutung eines akademischen Titels? Ich habe vier: Mag., Dipl., Dr., Prof., nimm alle vier zusammen, was hast du dann? Einen Magdipldrprof!"

Ein Professor wurde Vater, und ein Sohn war seine ganze Hoffnung. Nervös und aufgeregt lief er im Wartezimmer der Klinik auf und ab.
Endlich kam die Hebamme aus dem Kreißsaal und strahlte: „Es ist geschafft, Dr. Müller, gratuliere!"
Völlig aufgelöst stammelte er: „Bin ich nun Vater oder Mutter geworden?"
Genau das ist ein Magdipldrprof!

Ein Professorenehepaar hatte seinen Wohnsitz aufs Land verlegt. Eines Tages erhielten sie von einem der dort ansässigen Gutsbesitzer eine Einladung zu einem Faschingsball. Sie beschlossen, sich als Kuh zu kostümieren, der Mann als Vorder- und die Frau als Hinterteil. Der Ball fand im Gutshaus statt, das nur ein paar hundert Meter entfernt lag; deshalb verkleideten sie sich schon zu Hause und machten sich im Kostüm auf den Weg. Als sie gerade die erste Wiese halb überquert hatten, flüsterte der Mann: „Behalte ruhig Blut, Liebling, ein Bulle schaut her."

Betont ruhig gingen sie weiter, aber der Bulle ließ sie nicht aus den Augen, und auf einmal fing er an, mit seinen Vorderbeinen die Erde zu scharren und auf höchst eindeutige Weise näherzukommen.

„Er will auf uns drauf, Liebling, er will auf uns drauf!", schrie der Mann.

„Was sollen wir bloß tun?", kreischte die Frau.

Der Professor: „Ich werde jetzt Gras fressen und du bleibst standhaft!"

Ein junger englischer Professor machte seinen ersten Besuch in den Vereinigten Staaten. Naiv wie er war, suchte er im Vergnügungsviertel der Stadt nach einem Zimmer. Da er aber genauso reich wie naiv war, bot ihm die Madam eines Etablissements mit Vergnügen ein Zimmer für die Nacht an. Als ihn am nächsten Tag ein Kollege beim Essen fragte, ob er denn gut untergebracht sei, antwortete der junge Brite: „Also das Zimmer selbst ist etwas geschmacklos, aber, bei Gott!, Zimmermädchen haben die!"

Die sogenannten Studierten, die Gelehrten, die Vielwisser, sie leben ununterbrochen in ihrer eigenen Fantasiewelt. Sie kümmern sich überhaupt nicht um die Wirklichkeit – sie sind von der Wirklichkeit abgeschnitten. Und nur das Wirkliche macht dein Leben zur Freude, macht dich selig.

Das Wort „Gott“ ist nicht Gott, das Wort „Liebe“ ist nicht Liebe. Deshalb versäumen diese armen Menschen, die ständig das Wort „Gott“ oder das Wort „Liebe“ im Kopf haben, eine große Gelegenheit. Sie könnten Gott kennenlernen, sie könnten Bekanntschaft mit dem Mysterium der Liebe machen, aber die Worte verbergen die Wahrheit, die Worte verdecken ihnen die Augen.

Die Augen aller Leute, die viel wissen, sind so mit Theorien, Theologien, Ideologien und Glaubenssätzen zugedeckt, dass sie nichts sehen können. Sie sind nicht durchsichtig. Und Weisheit ist eine Art Durchlässigkeit, eine Art wolkenlose Klarsicht – nicht von Gedanken umwölkt, nicht von Staub bedeckt.

Man muss sich jeden Moment aufs neue reinigen, denn jeden Moment sammelt sich Staub auf dem Spiegel an. Das ist ein natürlicher Vorgang. Während du hier sitzt, setzt dein Badezimmerspiegel daheim Staub an. Selbst nachts, wenn nichts passiert – Türen und Fenster des Badezimmers sind zu – und dennoch sammelt sich etwas Staub an, setzt sich auf den Spiegel, denn die Staubteilchen sind in der Luft. Jeden Morgen musst du den Spiegel aufs Neue reinigen. Noch sorgfältiger muss man auf das Innere des Bewusstseins, auf den inneren Spiegel, auf die innere Reflexionsfähigkeit aufpassen. Jeden Augenblick musst du ihn vom Staub befreien. Ich sage es lieber so: Ein Sannyasin muss jeden Augenblick für alles, was vergangen ist, sterben und neu geboren werden. Dann bleibt er durchsichtig, dann bleibt sein Spiegel rein. Dann kann nichts mehr seinen Ausblick verzerren. Dann ist er weder Christ noch Hindu, weder Muslime noch Buddhist. Dann ist er lediglich ein Spiegel. Einfach ein Spiegel, ein Spiegeln – er spiegelt alles, was ist, drinnen wie draußen.

Aus diesem Spiegeln wird die Weisheit geboren. Weisheit ist das Aufblühen deiner Transparenz, deiner Durchsichtigkeit, deines leuchtenden Wesens. Genau das machen wir hier. Ja, die Aufgabe des Meisters ist nichts anderes, als das wieder rückgängig zu machen, was euch die Gesellschaft angetan hat.

Es ist eine Anti-Universität, eine Gegen-Schule, eine Anti-Hochschule, denn er ist nicht hier, um euch Wissen zu vermitteln, sondern um euch etwas ganz anderes, etwas aus einer ganz anderen Dimension zu zeigen. Der Meister ist dazu da, einen Prozess in euch in Gang zu bringen, sodass ihr euren sogenannten heiligen Schriften, Wörtern, Theorien entrinnen und ganz normal werden könnt. Du kannst einfach das werden, was du bist, ohne dir viel vorzumachen.

Ich liebe das gewöhnliche Bewusstsein. Ich lehre euch hier nicht den Übermenschen. Friedrich Nietzsche wurde nur wegen seiner Idee des Übermenschen verrückt. Und in Indien war es Sri Aurobindo, der sein ganzes Leben lang das indische Ego mit der Idee des Übermenschen, des Übergeistes, des Übernatürlichen gefüttert hat.

Dieser ganze esoterische Blödsinn ist ein so erdrückender Ballast für den Menschen geworden, dass er mit Stumpf und Stiel ausgerottet gehört – anders geht es nicht. Ein großes Feuer muss her, damit alles Brennbare in Flammen aufgeht, und nur das, was dann übrig bleibt, wird eurer wahres Selbst sein.

Ich bin kein Esoteriker, ich bin kein Okkultist, ich predige euch nicht die jenseitige Welt, ich lehre euch nicht das Übernatürliche, den Übermenschen.

Mich begeistert einfach das ganz Normale und Gewöhnliche am Menschen, das ganz Normale und Gewöhnliche nicht nur der Menschen, sondern auch der Tiere, der Bäume, der Flüsse, der Felsen – diese ganz normale Gewöhnlichkeit des Göttlichen. Für mich heißen Göttlichkeit und Gewöhnlichkeit dasselbe, sie sind synonym.

Wenn es nach mir ginge, würde ich das Wort „Gott" ganz streichen, denn heute klingt es wirklich gottverdammt falsch. Einfach die pure Gewöhnlichkeit ... und das Leben, von Augenblick zu Augenblick – fröhlich, tanzend, feiernd. Dann blüht die Weisheit. Dann kommt der Frühling, und das Gras wächst von allein.

Kann der Intellekt eine Tür zur Erleuchtung sein? Oder wird Erleuchtung nur durch Hingabe erlangt?

Erleuchtung geschieht immer durch Hingabe, aber Hingabe wird durch Intelligenz erlangt. Nur Idioten können sich nicht hingeben. Zur Hingabe gehört große Intelligenz.

Den springenden Punkt der Hingabe zu erkennen, ist das i-Tüpfelchen aller Erkenntnis. Den springenden Punkt zu erkennen – dass du nicht von der Existenz getrennt bist –, ist das Höchste, was Intelligenz dir zu geben hat.

Es gibt keinen Konflikt zwischen Intelligenz und Hingabe. Hingabe geschieht durch Intelligenz – obwohl du, wenn du dich hingibst, auch deine Intelligenz hingibst. Durch Hingabe begeht der Intellekt Selbstmord. Seine eigene Nutzlosigkeit erkennend, seine eigene Absurdität erkennend, die Qual, die er schafft, erkennend, verschwindet er. Aber passieren tut es durch Intelligenz. Und besonders, was Buddha betrifft, ist sein Weg der der Intelligenz. Schon das Wort Buddha bedeutet „erwachte Intelligenz".

Die Wörter Buddha – erwacht; *Bodhi* – Erwachen; *Sambodhi* – vollkommenes Erwachtsein; *Abhisambuddha* – Der vollends Erwachte; *Bodhisattva* – bereit, voll zu erwachen. Sie alle gehen auf die gleiche Wurzel *Budh* zurück, was „Intelligenz" bedeutet. Das Wort *Buddhi* – Intellekt, geht ebenfalls auf die gleiche Wurzel zurück. Die Wurzel *Budh* enthält viele Dimensionen. Es gibt kein einziges deutsches Wort, das es übersetzen kann. Es hat viele Assoziationen. Es ist sehr fließend und poetisch. In keiner anderen Sprache gibt es ein Wort wie *Budh* – mit so vielen Bedeutungen.

Es stecken mindestens fünf Bedeutungen in dem Wort

Budh. Die erste ist „aufwachen“ – sich selber aufwecken und andere aufwecken. Wach zu sein – insofern ist es das Gegenteil von schlafen, im Schlummer der Selbsttäuschung liegen, von dem der Erleuchtete aufwacht wie aus einem Traum. Das ist die erste Bedeutung von Intelligenz, *Budh* – ein Erwachen in dir zu bewirken.

Gewöhnlich schläft der Mensch. Selbst wenn du glaubst, du bist wach, bist du es nicht. Während du die Straße entlanggehst, bist du voll wach – in deiner Vorstellung. Aber von der Warte eines Buddha aus gesehen, bist du im Tiefschlaf – denn tausendundein Traum und Gedanke lärmen in deinem Innern. Dein inneres Licht ist sehr umwölkt. Es ist eine Art Schlaf. Ja, deine Augen sind offen – offensichtlich. Aber die Menschen können mit offenen Augen im Traum, im Schlaf wandeln. Und Buddha sagt: Auch ihr wandelt im Schlaf – offenen Auges. Aber euer inneres Auge ist nicht offen. Ihr wisst noch nicht, wer ihr seid. Ihr habt nicht in eure eigene Realität hineingeschaut. Ihr seid nicht wach. Ein Geist voller Gedanken ist noch nicht erwacht, kann nicht wach sein. Nur ein Geist, der die Gedanken und das Denken aufgegeben hat, dessen Umwölkung sich aufgelöst hat – und nun brennt die Sonne hell, und der Himmel ist absolut leer, ohne Wolken … nur solch ein Geist besitzt Intelligenz, nur solch ein Geist ist wach.

Intelligenz ist die Fähigkeit, in der Gegenwart zu sein. Je mehr du in der Vergangenheit oder in der Zukunft bist, desto weniger intelligent bist du. Intelligenz ist die Fähigkeit, hierjetzt zu sein, in diesem Moment zu sein und nirgendwo sonst – dann bist du wach. Zum Beispiel: Du sitzt in einem Haus, und das Haus fängt plötzlich Feuer, dein Leben ist in Gefahr … Dann wirst du für einen Moment lang wach sein. In dem Moment wirst du nicht viele

Gedanken denken, in dem Moment wirst du nicht zugedröhnt sein von deinen psychologischen Erinnerungen: dass du vor dreißig Jahren eine Frau geliebt hast … und Junge, war das fantastisch!" Du wirst nicht solchen Gedanken nachhängen. Oder neulich warst du in einem Restaurant, und noch immer liegt dir der Geschmack auf der Zunge und das Aroma und der Duft des frisch gebackenen Brotes … Nein, wenn dein Haus in Flammen steht, kannst du dir diese Art von Denken nicht leisten. Plötzlich wirst du in den jetzigen Moment springen: Das Haus steht in Flammen, und dein Leben steht auf dem Spiel! Du wirst nicht von der Zukunft träumen – was du wohl morgen tun wirst. Morgen spielt keine Rolle mehr. Gestern spielt keine Rolle mehr. Selbst heute spielt keine Rolle mehr, nur noch dieser Moment, dieser Sekundenbruchteil.

Das ist die erste Bedeutung von *Budh* – Intelligenz. Und dann gibt es da noch weitere tiefe Einsichten. Ein Mensch, der wirklich erwacht sein will, der wirklich ein Buddha sein will, muss jeden Moment in solcher Intensität leben, wie ihr es nur selten tut, nur hin und wieder, in irgendeiner Gefahr. Die erste Bedeutung ist das Gegenteil von Schlaf. Und natürlich kann man die Wirklichkeit nur dann sehen, wenn man nicht schläft. Man kann sich ihr nur dann stellen, man kann der Wahrheit – oder nennt es Gott – nur dann in die Augen sehen, wenn man wach ist. Versteht ihr den springenden Punkt der Intensität? Den Punkt, dass man in Flammen steht? Absolut wach? Das heißt Erkennen. Dieses Erkennen bringt Freiheit, dieses Erkennen bringt Wahrheit.

Die zweite Bedeutung von *Budh* ist „erkennen" – im Sinne von gewahr werden, sich bekannt machen mit, bemerken, beachten; und somit ist der Buddha einer, der das

Falsche als das Falsche erkannt hat und seine Augen für das Wahre als das Wahre geöffnet hat.

Das Falsche als das Falsche zu sehen, ist der Anfang des Verstehens dessen, was die Wahrheit ist. Nur wenn du das Falsche als das Falsche siehst, kannst du sehen, was Wahrheit ist, kannst du nicht länger in Illusionen leben. Du kannst nicht in deinen Überzeugungen weiterleben, du kannst nicht in deinen Voreingenommenheiten weiterleben, wenn du die Wahrheit wissen willst. Das Falsche muss als falsch erkannt werden. Das ist die zweite Bedeutung von *Budh*: das Erkennen des Falschen als falsch, des Unwahren als unwahr.

Zum Beispiel hast du immer an Gott geglaubt. Du wurdest als Christ oder Hindu oder Moslem geboren. Man hat dich gelehrt, dass Gott existiert. Man hat dir Angst vor Gott eingejagt – dass du leiden wirst, wenn du nicht glaubst, dass du bestraft werden wirst, dass Gott sehr rabiat ist, dass Gott dir niemals verzeihen wird. Der jüdische Gott sagt: „Ich bin ein sehr eifersüchtiger Gott. Du darfst keine anderen Götter neben mir haben!“ Der muslimische Gott sagt genau das Gleiche: „Es gibt nur einen Gott, und keinen anderen Gott. Und es gibt nur einen Propheten Gottes – Mohammed – „einen anderen Propheten gibt es nicht.“ Diese Konditionierung kann so tief in dich eindringen, dass sie sich auch dann noch hält, wenn du schon nicht mehr an Gott glaubst.

Erst neulich war Mulla Nasruddin hier, und ich fragte ihn: „Mulla Nasruddin, da du jetzt Kommunist bist und dich Genosse nennst – was ist mit Gott?“
Er sagte: „Es gibt keinen Gott, und Mohammed ist sein einziger Prophet!“

So tief kann eine Konditionierung sitzen! Mohammed bleibt der Prophet!

Man hat dich gelehrt, an Gott zu glauben, und du hast dran geglaubt. Das heißt Glauben. Ob Gott tatsächlich existiert oder nicht, hat nichts mit deinem Glauben zu tun. Die Wahrheit hat nichts mit deinem Glauben zu tun. Ob du glaubst oder nicht, ist der Wahrheit egal. Aber wenn du an Gott glaubst, wirst du ihn weiter sehen – jedenfalls ihn zu sehen glauben. Wenn du nicht an Gott glaubst, wird dich dieses Nichtglauben am Erkennen hindern. Alle Glaubensinhalte sind hinderlich, denn sie werden zu Vorurteilen, sie werden zu Gedankenschleiern – was Buddha *Avarnas* nennt.

Es gibt nichts, woran ein Mann von Intelligenz glaubt oder nicht glaubt. Ein Mann von Intelligenz ist einfach nur offen zu erkennen, was immer der Fall sein mag. Wenn Gott da ist, wird er es erkennen – aber nicht, weil es sein Glaube ist; er hat keinen Glauben. Nur in einer nicht-gläubigen, nicht-ungläubigen Intelligenz kann die Wahrheit sich zeigen. Wenn du schon glaubst, lässt du der Wahrheit keinen Raum, zu dir zu kommen. Dein Vorurteil sitzt auf dem Thron, sitzt längst auf dem Thron. Du kannst nichts sehen, was gegen deinen Glauben geht. Du wirst Angst bekommen, du wirst unsicher werden, du wirst zu zittern anfangen: Du hast so viel in deinen Glauben investiert, so viel Leben, so viel Zeit, so viele Gebete – fünf Gebete am Tag! Fünfzig Jahre hat jemand seinem Glauben geopfert – wie soll er jetzt plötzlich erkennen können, dass es keinen Gott gibt? Ein anderer hat sein ganzes Leben in den Kommunismus investiert, in den Glauben, es gebe keinen Gott; wie soll er da so weit gehen können zu prüfen, ob es einen Gott gibt? Er wird es immer wieder vermeiden.

Ich sage hier nichts darüber aus, ob Gott ist oder nicht ist. Was ich hier sage, ist etwas, das mit euch zu tun hat, nicht mit Gott. Es gehört ein Geist, ein klarer Geist dazu, es gehört eine Intelligenz dazu, die sich an keinen Glauben klammert. Dann bist du wie ein Spiegel: Du spiegelst das wider, was ist.

Das ist die zweite Bedeutung von *Budh*. Ein intelligenter Mensch ist weder ein Kommunist noch ein Katholik, ein intelligenter Mensch ist nicht gläubig, ist nicht ungläubig – das ist nicht seine Art. Er schaut ins Leben hinein, und was immer dort ist, das ist er bereit zu sehen. Er hat keine Scheuklappen. Sein Blick ist durchdringend. Nur diese wenigen Menschen erreichen die Wahrheit.

Die dritte Bedeutung der Wurzel *Budh* – Intelligenz, ist „wissen“, „verstehen“. Der Buddha weiß, was ist. Er versteht, was ist, und genau in diesem Verstehen ist er frei von aller Knechtschaft. Wissen also im Sinne von Verstehen, nicht im Sinne von Gelehrsamkeit. Buddha ist nicht gelehrt. Ein intelligenter Mensch gibt nicht viel auf Informationen und Wissen. Ein intelligenter Mensch gibt viel mehr auf die Fähigkeit zu erkennen.

Sein wirkliches, authentisches Interesse gilt dem Erkennen, nicht dem Wissen. Erkennen schenkt euch Verstehen. Vielwissen verleiht euch nur ein Gefühl von Verstehen, ohne euch wirkliches Verstehen zu schenken. So ein Wissen ist Falschgeld. Es trügt. Es gibt euch nur das Gefühl, Bescheid zu wissen – dabei wisst ihr überhaupt nicht Bescheid. Ihr könnt so viel Wissen ansammeln, wie ihr wollt, ihr könnt immer mehr horten, ihr könnt sehr, sehr gelehrt werden, ihr könnt Bücher schreiben, ihr könnt akademische Grade haben, könnt Dr. phil.s haben, ihr könnt Dr. jur.s haben und dennoch die gleiche dumme Person bleiben, die ihr seit jeher wart. Diese Grade verändern euch nicht. Sie können euch nicht verändern. Im Gegenteil, eure Dummheit wird stärker – sie hat jetzt akademische Grade. Sie kann sich durch Zertifikate ausweisen; sie kann sich nicht durch Leben ausweisen, aber sie kann sich durch Urkunden beweisen. Sie kann sich auf keine andere Weise beweisen, aber sie kann akademische Grade vorweisen, Urkunden, Bestätigungen seitens der Gesellschaft. Alle Welt glaubt, zu wissen, und ihr glaubt ebenfalls, zu wissen.

Habt ihr das noch nicht gesehen? Leute, die als sehr gebildet gelten, sind so unwissend wie nur irgendwer, manchmal noch unwissender. Nur sehr selten findet man in der akademischen Welt intelligente Leute – sehr selten. Ich war in der akademischen Welt, und ich sage es aufgrund meiner Erfahrung. Ich habe intelligente Bauern gesehen, ich habe keine intelligenten Professoren gesehen. Ich habe intelligente Holzfäller gesehen, ich habe keine intelligenten Professoren gesehen. Warum? Was ist schiefgelaufen mit diesen Leuten? Eines ist schiefgelaufen: Sie können sich auf das Wissen verlassen. Sie brauchen keine Erkennenden zu werden, sie können sich auf das Wissen verlassen. Sie haben eine Möglichkeit zweiter Hand gefunden.

Zur ersten Möglichkeit gehört Mut. Ein Erkennen aus erster Hand können sich nur wenige Leute leisten – Abenteurer, Leute, die über den gewöhnlichen Pfad, wo sich die Massen bewegen, hinausgehen, Leute, die sich für kleine Pfade im Dschungel des Unerkennbaren entscheiden. Die Gefahr ist, sie können verloren gehen. Das Risiko ist hoch.

Wenn du Wissen aus zweiter Hand bekommen kannst – wozu die Mühe! Du kannst einfach in deinem Sessel sitzen bleiben! Du kannst zur Bibliothek gehen, du kannst zur Universität gehen, du kannst Informationen sammeln, du kannst einen großen Haufen Informationen auftürmen und dich obendrauf setzen. Durch Wissen wird dein Gedächtnis größer und größer, aber deine Intelligenz wird nicht größer. Manchmal kommt es vor – wenn du nicht viel weißt, wenn du nicht sehr gebildet bist, dass du in gewissen Momenten intelligent sein musst.

> Eine Dame kaufte eine Dose mit Früchten, aber sie konnte die Dose nicht aufkriegen, sie wusste nicht, wie man sie öffnet. Also lief sie in ihr Arbeitszimmer, um im Internet nachzulesen. Aber bevor sie es herausfinden konnte, war ihr der Diener zuvorgekommen und hatte die Dose aufgemacht.
> Sie fragte: „Wie haben Sie das geschafft?“
> Der Diener sagte: „Wenn man nicht lesen kann, muss man seinen Verstand gebrauchen.“

Das ist der Grund, warum Bauern, Gärtner, Holzfäller intelligenter sind, etwas Frisches an sich haben. Sie können nicht lesen, also müssen sie ihren Verstand gebrauchen. Man muss überleben und man muss seinen Verstand gebrauchen.

Die dritte Bedeutung von *Budh* ist „Wissen im Sinne von Verstehen“. Der Buddha hat das, was ist, erkannt. Er versteht das, was ist, und genau in diesem Verstehen ist er frei von aller Abhängigkeit. Was bedeutet das? Es bedeutet: Ihr habt Angst! Wenn du in dir drin Angst hast, musst du etwas Starkes nach außen hin aufbauen, eine harte Schale, sodass niemand herausbekommt, dass du Angst hast. Und das ist noch nicht alles: Du selbst wirst nicht erkennen, dass du Angst hast, aufgrund dieser harten Schale. Sie wird dich vor anderen schützen, sie wird dich vor deiner eigenen Einsicht schützen.

Ein intelligenter Mensch läuft vor keiner Tatsache davon. Wenn es Angst ist, wird er hineingehen. Denn der Weg hinaus ist durch. Wenn er Angst und Zittern in sich aufsteigen fühlt, wird er alles andere stehen und liegen lassen: Erst muss er durch diese Angst durch! Er wird hineingehen. Er wird versuchen zu verstehen. Er wird nicht versuchen, irgendwie keine Angst zu haben, er wird sich diese Frage nicht stellen. Er wird nur eine Frage stellen: „Was ist diese Angst? Sie ist da, sie ist ein Stück von mir, sie ist meine Realität – ich muss da hinein, ich muss es verstehen. Wenn ich es nicht verstehe, dann wird mir ein Stück meiner selbst immer unbekannt bleiben. Und wie soll ich herausfinden, wer ich bin, wenn ich immerzu Dinge auslasse? Dann werde ich nicht die Angst verstehen, nicht den Tod verstehen, nicht die Wut verstehen, ich werde meinen Hass nicht verstehen, ich werde meine Eifersucht nicht verstehen, ich werde dies nicht verstehen und jenes, und das …“

Wie willst du dich dann kennenlernen? All diese Dinge bist du! Das ist dein Dasein! Du musst in alles hineingehen, was da ist, jeden Winkel, jede Ecke.

Du musst die Angst erforschen. Selbst wenn du zitterst – keine Sorge: Zittre, aber geh rein! Es ist weit besser, zu zittern, als davonzulaufen. Denn wenn du erst einmal davonläufst, wird dir diese Seite von dir unbekannt bleiben, und du wirst immer mehr Angst haben sie dir anzusehen, denn diese Angst wird immer mehr zunehmen. Sie wird größer und größer werden, wenn du nicht in sie hineingehst, sofort, in diesem Moment! Morgen wird sie vierundzwanzig Stunden länger gelebt haben – hüte dich! Sie hat mehr Wurzeln in dir! Sie wird mehr Laub haben, sie wird stärker werden. Und dann wird sie schwieriger anzugehen sein. Es ist besser, es jetzt sofort zu tun, es ist schon spät.

Und wenn du hineingehst und du sie siehst ... sehen heißt: ohne Vorurteil. Sehen heißt, dass du die Angst nicht als schlecht verurteilst. Wer weiß, vielleicht ist sie nicht schlecht. Wer will das wissen? Der Forscher muss offen für alle Möglichkeiten bleiben; er kann sich keinen verschlossenen Geist leisten. Ein verschlossener Geist und Forschung, die gehen nicht zusammen. Er wird hineingehen.

Wenn es Leiden und Schmerz bringt, wird er den Schmerz erleiden. Aber reingehen wird er, zitternd, zögernd, aber er wird hineingehen: „Es ist mein Territorium, ich muss wissen, wie es da ist, vielleicht birgt es ja irgendeinen Schatz für mich? Vielleicht ist die Angst nur da, um den Schatz zu hüten?"

Das ist meine Erfahrung, so verstehe ich es. Wenn du tief in die Angst hineingehst, wirst du Liebe finden. Das ist auch der Grund, warum die Angst verschwindet, wenn du tief in die Liebe hineingehst. Und wenn du Angst hast, kannst du nicht in Liebe sein. Was heißt das? Eine einfache Rechnung: dass Angst und Liebe nicht gemeinsam da sein können. Was wiederum heißt, dass es die gleiche Energie sein muss, die zu Angst wird, sodass nichts zurückbleibt, was zu Liebe werden könnte. Wird sie Liebe, bleibt nichts übrig, was Angst werden könnte. Geht in die Angst rein. Geht hinein, und ihr werdet einen großen Schatz finden. Verborgen hinter der Angst ist Liebe. Und verborgen hinter der Wut ist Mitgefühl. Und verborgen hinter dem Sex ist *Samadhi*.

Geht in jedes negative Etwas hinein, und ihr werdet das Positive finden. Und wenn ihr das Negative und das Positive kennt, dann geschieht etwas Drittes, das Letztmögliche: das Transzendentale. Das ist diese Bedeutung von *Budh* Intelligenz: Verstehen.

Und die vierte Bedeutung ist „erleuchtet sein“ und „erleuchten“. Der Buddha ist das Licht. Er ist zum Licht geworden. Und da er zum Licht geworden ist und er licht geworden ist, zeigt er das Licht auch anderen – naturgemäß, offensichtlich. Er ist Illumination. Seine Dunkelheit ist verschwunden. Seine innere Flamme brennt hell.

Rauchlos ist seine Flamme. In diesem Fall bezeichnet es das Gegenteil von Dunkelheit und der entsprechenden Blindheit und Ignoranz. Dies ist die vierte Bedeutung, licht zu werden, erleuchtet zu werden. Gewöhnlich bist du ein Dunkel, ein Kontinent der Dunkelheit, ein dunkler Kontinent – unerforscht …

Der Mensch ist irgendwie seltsam. Er hört nicht auf den Himalaja zu erforschen, er hört nicht auf den Pazifik zu erforschen, er hört nicht auf nach dem Mond und dem Mars zu greifen. Nur eines versucht er nie: sein inneres Dasein zu erforschen. Der Mensch hat den Mond betreten, aber der Mensch hat noch nicht sein eigenes Sein betreten. Das ist seltsam … Vielleicht ist das Betreten des Mondes nur eine Ausflucht, ist das Betreten des Everest nur eine Ausflucht. Vielleicht will er nicht nach innen gehen, weil er sehr große Angst hat. Er ersetzt es durch irgendwelche anderen Forschungen, um sich besser zu fühlen, andernfalls müsstet ihr euch sehr, sehr schuldig fühlen. Ihr fangt an, einen Berg zu besteigen, und fühlt euch gut, dabei ist der höchste Berg in eurem Innern – noch unbestiegen. Ihr fangt an, tief in den Pazifik zu tauchen, dabei ist der größte Pazifik in euch – und zwar unbefahren, unerforscht. Und ihr fangt an, zum Mond zu fliegen – was für eine Dummheit! Und ihr fangt an, eure Energie damit zu vergeuden, zum Mond zu wollen, dabei ist der wirkliche Mond in euch, weil das wirkliche Licht in euch ist.

Der intelligente Mensch wird als Erstes nach innen gehen. Ehe er irgendwo anders hingeht, wird er in sein eigenes Dasein hineingehen, das ist das Erste und sollte die erste Priorität haben. Nur wenn du dich selbst kennengelernt hast, kannst du überall sonst hingehen. Dann wird dich, wo immer du hingehst, eine Aura von Seligkeit, von Friede, von Jubel begleiten.

Die vierte Bedeutung ist also, erleuchtet zu sein. Intelligenz ist der Funke … mit etwas Nachhilfe, mit etwas Kooperation kann er eine Flamme werden und ein Licht und eine Wärme. Er kann zu Licht werden, er kann zu Leben werden, er kann zu Liebe werden. All diese Dinge sind in dem Wort Erleuchtung mit enthalten. Ein erleuchtetes Wesen hat keine dunklen Winkel in seinem Wesen. Alles ist wie der Morgen, die Sonne steht am Horizont. Die Dunkelheit der Nacht und die Bangigkeit der Nacht ist verschwunden, die Schatten der Nacht sind verschwunden. Die Erde ist wieder erwacht. Ein Buddha zu sein heißt, einen Morgen, eine Morgenröte in dir zu erreichen. Das ist die Funktion von Intelligenz, die höchstmögliche Funktion.

Und die fünfte Bedeutung von *Budh* ist „ausloten". Eine Tiefe ist in dir, eine bodenlose Tiefe, die ausgelotet werden muss. Oder die fünfte Bedeutung kann auch „durchdringen" bedeuten. Alles wegzulassen, was hinderlich ist, und bis zum innersten Kern deines Wesen vorzudringen – zum Herzen. Die Leute wollen in vieles im Leben eindringen. Euer Drang, euer großes Verlangen nach Sex ist nichts als eine Art von Eindringen; aber das ist ein Eindringen in den andern.

Das gleiche Eindringen muss in dein eigenes Dasein stattfinden; du musst in dich selbst eindringen. Wenn du in einen anderen eindringst, kann dir das einen momentanen

Lichtblick verschaffen. Aber wenn du in dich selbst eindringst, kannst du zum universalen, kosmischen Orgasmus gelangen, der bleibt und bleibt und bleibt.

Ein Mann begegnet einer äußeren Frau, und eine Frau begegnet einem äußeren Mann ... Das ist eine sehr oberflächliche Begegnung, und dennoch bedeutsam, und bringt dennoch Momente der Freude, wenn die innere Frau dem inneren Mann begegnet ... Du trägst beide in dir! Ein Teil von dir ist weiblich, ein Teil von dir ist männlich, egal ob du Mann oder Frau bist. Jeder ist bisexuell.

Die fünfte Bedeutung der Wurzel *Budh* bedeutet „Durchdringung". Wenn dein innerer Mann deine innere Frau durchdringt, kommt es zur Begegnung, wirst du ganz, wirst du eins, und dann verschwinden alle Begierden in den anderen einzudringen. In dieser Begierdelosigkeit liegt Freiheit, liegt *Nirvana.*

Buddhas Weg ist der Weg des *Budh.* Denkt dran, Buddha ist nicht der Name von Gautama Buddha; Buddha ist der Zustand, den er erlangt hat.

Sein Name war Gautam Siddhartha. Eines Tages dann wurde er zum Buddha, eines Tages blühte sein *Bodhi,* seine Intelligenz auf. Buddha bedeutet haargenau dasselbe wie Christus. Der Name von Jesus ist nicht Christus – das bezeichnet das höchste Aufblühen, das ihm widerfuhr. Genauso ist es mit Buddha. Es hat viele andere Buddhas außer Gautam Siddhartha gegeben.

Jeder hat die Fähigkeit von *Budh.* Aber *Budh,* jene Fähigkeit zu sehen, ist genau wie ein Saatkorn in dir. Wenn es sprießt, zu einem großen Baum wird, blüht und am Himmel zu tanzen beginnt, den Sternen zuzuflüstern beginnt, bist du ein Buddha. Der Weg des Buddha ist der Weg der Intelligenz.

Der Intellekt muss benutzt, nicht verworfen werden, muss transzendiert werden, nicht verworfen werden! Und er kann nur transzendiert werden, wenn du bis zur höchstmöglichen Sprosse der Leiter gelangt bist. Du musst immer weiter in die Intelligenz hineinwachsen; dann kommt ein Moment, wo die Intelligenz getan hat, was sie kann.

In dem Moment sag der Intelligenz Lebewohl! Sie hat dir über einen langen Weg hinweg geholfen. Sie hat dich lange genug getragen, sie war ein gutes Gefährt. Sie war ein Boot für dich zur Überfahrt; jetzt bist du am anderen Ufer angelangt, also lässt du das Boot hier. Jetzt nimmst du es nicht auf dem Kopf mit; das wäre töricht.

Es kommt der Moment, wo die Intelligenz dir alles gab, was sie zu geben hat – dann ist sie nicht länger nötig. Dann lässt du am Ende auch sie fallen; ihre Arbeit ist getan. Die Krankheit ist weg, jetzt muss auch die Medizin weg. Und wenn du frei von der Krankheit und auch frei von der Medizin bist – erst dann bist du frei. Manchmal kommt Folgendes vor: Die Krankheit ist zwar weg, aber jetzt bist du nach der Medizin süchtig geworden! Das ist nicht Freiheit. Du hast einen Dorn im Fuß, und er tut weh. Du nimmst einen anderen Dorn, sodass der Dorn in deinem Fuß herausgeholt werden kann mit Hilfe des anderen. Wenn du den Dorn draußen hast, wirfst du beide weg! Du bewahrst den einen, der hilfreich war, nicht auf! Er ist jetzt belanglos.

Die Arbeit der Intelligenz ist die, dir zu helfen, dir deines Seins bewusst zu werden. Sobald diese Arbeit getan ist und dein Sein da ist – nun, dann ist dieses Instrument nicht mehr nötig. Du kannst ihm Lebewohl sagen, du kannst Dankeschön sagen.

Ich denke, ich bin fast erleuchtet.

Es überrascht mich wirklich, dass in einem einzigen Satz fast alle Wörter falsch sind. Wie hast du das geschafft?

Er fängt an mit „Ich“ – „Ich“ wird niemals erleuchtet. „Ich“ ist die Barriere. „Ich“ ist, was es verhindert. Wenn du erleuchtet wirst, bist du nicht, gibt es niemanden, der das behaupten kann. Die Upanishaden sagen – und Zarathustra und Laotse und Jesus sagen alle das Gleiche, wieder und wieder, auf verschiedene Weise ... Die Upanishaden sind sehr klar, sie sagen: „Wenn jemand sagt: ‚Ich bin erleuchtet‘, dann wisse wohl, er ist es nicht. Erleuchtung ist etwas, das nicht behauptet werden kann; denn der, der so etwas behaupten kann, muss verschwinden, ehe die Erleuchtung passiert. Man ist nur erleuchtet, wenn man nicht ist.“

Und du beginnst den Satz mit *„Ich denke ...“* Und das zweite Wort ist „denke“. Was hat Denken mit Erleuchtung zu tun? Denken ist von Erleuchtung immer weit, weit entfernt. Gerade der konstante Prozess des Denkens in dir ist es, der dich in deinem eigenen Schlamm ertränkt hält; es ist der konstante Prozess des Denkens in dir, der dir die Augen verbunden hält, der dich blind hält, der deinen Augen nicht gestattet, das widerzuspiegeln, was ist, weil diese Gedanken immerzu alles verzerren. Denken ist ein Verzerrungsmechanismus. Aber wir haben uns daran gewöhnt ...

Es kommen Leute zu mir und sagen: „Ich denke, ich habe mich verliebt.“ Als ob Liebe etwas mit Denken zu tun hätte. Sie können nicht einmal sagen: „Ich fühle, ich bin verliebt.“

Sie sagen: „Ich denke, ich bin verliebt.“ Selbst Liebe muss

in ihnen ein Gedanke sein. Wie kann Liebe ein Gedanke sein? Liebe kann nur ein Gefühl sein.

Dies sind die drei Ebenen: erst das Denken, dann das Gefühl, und drittens das Sein. Denken, Fühlen, Sein. Du kannst über die Welt nachdenken, du kannst über die Objekte der Welt nachdenken; du kannst nicht an Liebe denken – Liebe ist höher als Denken, jenseits der Reichweite von Denken. Du kannst Liebe fühlen. Du kannst sie nicht denken. Und Erleuchtung kannst du nicht einmal fühlen; sie ist jenseits von Fühlen. Genau wie Liebe jenseits von Denken ist, ist Erleuchtung jenseits von Fühlen. Du kannst nur erleuchtet sein – also nicht fühlen, nicht denken. Es ist da! Und wenn es da ist, ist es da.

Und du sagst: „*Ich denke, ich bin fast erleuchtet.*"

Was meinst du mit „fast"? Das hat man noch nie gehört. Entweder ist man erleuchtet oder nicht! Fast? Es ist, als würde man sagen: „Dies ist fast ein Kreis" – fast ein Kreis? Ein Kreis muss ein vollkommener Kreis sein, sonst ist es kein Kreis. Es mag eine andere Form sein – „fast ein Kreis" kann man nicht sagen.

Du kannst nicht sagen: „Ich bin fast verliebt." Allein dieses Wort „fast" besagt, dass du es nicht bist. Offenbar träumst du – machst Liebe mit einem Gespenst! Daher das Wort „fast". Lass all den Unsinn fallen. Und wenn du ihn fallen lassen kannst, brauchst du nicht erleuchtet zu werden – du bist es. Niemand braucht erleuchtet zu werden. Erleuchtung ist nichts, was dir einmal zustoßen wird – sie ist bereits der Fall! Sie ist passiert. Sie ist deine ureigene Natur. Lass einfach all das Zeug fallen, mit dem du sie zugedeckt hast.

Nur ein Verrückter kann zum Buddha werden! Die sogenann-ten Gesunden können höchstens Buddhisten werden, aber keine Buddhas, sie können Christen werden, aber nicht Christusse. Nur ein Verrückter…

Meine Einladung gilt den Verrückten der ganzen Welt. Ich bin der Verrücktenführer zur Erleuchtung.

> Eine Gruppe Philosophen in einem russischen Gefängnis hatte beschlossen auszubrechen. Sie hatten sich einen Nachschlüssel gemacht und warteten jetzt auf die Nacht, um abzuhauen.
> Um Mitternacht ging einer vor, um die Tür zu öffnen, aber nach einigen Minuten kam er mit langem und traurigem Gesicht zurück.
> „Was ist los?", fragten die anderen.
> „Hört her, unser Plan ist wertlos, wir können nicht fliehen. Der verrückte Nachtwächter hat vergessen, die Tür abzuschließen, so kann ich unseren Schlüssel nicht benutzen."

Philosophen können keine Buddhas werden! Man braucht Mumm, um ein Buddha zu werden.

> Jesus hing am Kreuz, und ein Philosoph kam vorbei. Er hielt an, schaute zu Jesus auf und fragte: „Was machst du da oben?"
> Jesus nickte mit dem Kopf nach rechts und links und sagte: „Ich hänge hier mit ein paar Freunden herum!"

Der Philosoph fuhr fort: „Nun, wenn du willst, kann ich eine Leiter besorgen und dich herunterholen."

„Würde mich sehr freuen!" antwortete Jesus. Eine halbe Stunde später kam der Philosoph mit einer Leiter zurück, stieg zum Kreuz hinauf, zog erst den Nagel aus der rechten Hand und dann den Nagel aus der linken Hand.

Jesus fiel kopfüber und schreit: „Du Idiot, das nächste Mal fang bei den Füßen an!"

Die Frage für den Meditierer war früher: „Wie kann ich in der Welt sein und ihr dennoch nicht angehören?" Die Frage scheint jetzt zu sein: „Wie kann ich überhaupt in der Welt leben?"

Die Frage ist nach wie vor: „Wie kann ich in der Welt sein und ihr dennoch nicht angehören." In ihr zu sein ändert nichts am ersten Standpunkt. Der erste Standpunkt erlaubt einem, in der Welt, aber nicht weltlich zu sein. Es ist völlig in Ordnung, dass ihr euch fremd fühlt – daran ist nichts verkehrt, genau so sollt ihr euch auch fühlen. Einfach weil diese Welt, in der ihr sein müsst, nicht die Welt ist, auf deren Leute ihr euch einstimmen sollt, mitsamt ihren Vorstellungen, ihrem Verhalten.

Diese Welt ist nicht die richtige Welt... ich meine, ist nicht die menschenwürdige Welt. Und da wollt ihr drin sein, dazugehören? Dazu müsstet ihr Christ in einer christlichen Gesellschaft sein, dazu müsstet ihr zur Kirche gehen, dazu müsstet ihr an die Heilige Schrift glauben. Wollt ihr etwa auf die Art in der Welt leben? Dann war alles, was ihr vorher gemacht habt, reine Zeitverschwendung.

„Sei in der Welt" bedeutet nur, dass du dir einen Job besorgen, dass du dir dein Brot verdienen, dass du mit Leuten zusammen leben wirst, die anders gesinnt sind als du, dass du unter Fremden leben wirst – und dich natürlich auch fremd fühlen wirst! Aber das ist etwas, worüber ihr euch freuen solltet.

Ich habe euch nicht in die Welt geschickt, damit ihr verloren geht. Ich habe euch in die Welt geschickt, damit ihr ihr selber bleibt – trotz der Welt. Und genau das war es, was mit dem ursprünglichen Satz gemeint ist. Er gilt unverändert. Er ist so fundamental, dass sich an ihm nichts ändern wird.

Eines ist ungeheuer wichtig,
was die Wahrheit angeht:
Nur wenn du sie selbst findest,
wird sie zur Wahrheit für dich.
Wenn es die Wahrheit eines anderen ist
und du sie dir borgst,
dann verliert sie durch eben dieses Borgen
den Charakter der Wahrheit –
sie ist zur Lüge geworden.

Warum ist es so schwer, Liebe zu leben – was eigentlich leicht und natürlich ist?

Genau deswegen! Weil es so einfach und so natürlich ist. Genau darum ist es so schwer. Ihr seid nicht einfach, und ihr seid nicht natürlich. Und es ist einfach und natürlich.

Meine Botschaft der Liebe ist absolut einfach. Nichts könnte einfacher sein als sie. Aber euer Verstand ist sehr komplex, sehr trickreich. Er macht einfache Dinge kompliziert, das ist seine Arbeit. Und über Jahrhunderte ist er nur zu diesem einen Zweck ausgebildet worden: alles so kompliziert zu machen, dass euer Leben unmöglich wird.

Euer Verstand ist Experte darin geworden, euch zu zerstören; denn euer Leben besteht aus einfachen Dingen. Die ganze Existenz ist einfach, aber man hat den Verstand des Menschen so sehr gepflegt, geprägt, erzogen und programmiert, dass die einfachste Sache krumm wird, und, kaum dass sie euren Verstand erreicht hat, schon nicht mehr einfach ist. Der Verstand fängt an, sie zu interpretieren, Dinge darin zu finden, die nicht da sind, Dinge zu ignorieren, die da sind.

Und da meint ihr gehört zu haben, was ich zu euch gesagt habe? Es ist nicht so. Ich habe euch das eine gesagt, und ihr habt das andere gehört, denn euer Hören geschieht nicht unmittelbar; denn da ist ein Makler: euer Verstand. Er fungiert in mancher Hinsicht als Zensor, er verwehrt vielen Dingen den Zutritt zu euch. Ihr werdet überrascht sein, wenn ihr hört, wie viel er abwehrt: achtundneunzig Prozent. Er lässt nur zwei Prozent von dem durch, was an eure Ohren dringt. Und selbst das nicht in Reinform! Erst verunreinigt er es durch seine eigenen Interpretationen, durch seine eigenen früheren Erfahrungen, Konditionierungen. Und wenn er dann schließlich das Gefühl hat, verstanden zu haben, liegen Welten zwischen dem, was gesagt wurde, und dem, was gehört wurde.

Gautam Buddha hat oft eine Geschichte erzählt …
Es ist seltsam, dass alle großen Meister auf Geschichten zurückgegriffen haben. Aber das hat seinen guten Grund, denn der Verstand entspannt sich, wenn es um eine Geschichte geht. Wenn es nur ein Scherz ist, entspannt sich der Verstand. Es ist nicht nötig, angespannt und ernst zu sein… da wird ja nur eine Geschichte erzählt: Du darfst entspannen. Aber wenn die Rede von Dingen wie Liebe oder Freiheit oder Stille ist, bist du sofort verspannt. Das ist der Grund, warum die Meister zu einfachen Geschichten greifen müssen. Und vielleicht können sie dann, am Ende der Geschichte, eine kleine Botschaft durch die Hintertür schmuggeln … während ihr noch entspannt seid.
Gautam Buddha erzählte immer, wie eines Abends … er hatte nämlich die Gepflogenheit, nach seiner Abendansprache immer zu seinen Jüngern zu sagen: „Geht jetzt und tut euer Letztes vor dem Schlafengehen“, und dies „Letzte“ war die Meditation … wie also eines Tages auch eine Prostituierte zuhörte und auch ein Dieb unter den Zuhörern war. Und als Buddha sagte: „Geht jetzt und tut euer Letztes, bevor ihr schlafen geht“, gingen alle Sannyasins und meditierten. Der Dieb wurde plötzlich wach: „Was mache ich hier?“ Es war Zeit, seinem Gewerbe nachzugehen! Die Prostituierte sah sich um und hatte das Gefühl, dass Buddha

wirklich alles merkte, denn als er es sagte, sah er sie an. Sie verneigte sich in tiefer Dankbarkeit, weil er sie ermahnt hatte: „Geh jetzt deinem Gewerbe nach, ehe du schlafen gehst."

Ein einfacher Satz – aber drei verschiedene Menschen hören drei verschiedene Bedeutungen. In Wirklichkeit muss es noch mehr Bedeutungen gegeben haben; denn für den einen muss „Meditation" eine Freude bedeutet haben, für den andern muss „Meditation" etwas bedeutet haben, das man tun muss, und dann ändert sich die Bedeutung. Für all diese Meditierer war die Botschaft die Gleiche, aber was von ihnen gehört wurde, konnte unmöglich das Gleiche sein. In meinem ganzen Leben habe ich noch nie einen Menschen etwas Kompliziertes gelehrt. Das Leben ist schon kompliziert genug, und ich will euch nicht noch mehr beladen. Aber ich bin vielleicht mehr missverstanden worden als wohl irgendein anderer in diesem ganzen Jahrhundert, aus dem einfachen Grund, dass ich einfache Dinge sage – was sonst niemand tut.

Ich spreche über das Offensichtliche – was jeder vergessen hat, was jeder für selbstverständlich hält, über das niemand spricht. Ihr könnt euch die großen theologischen Abhandlungen der Christen anschauen, die großen Werke der Hindus, Muslime und Juden über Religion – hochgelehrt, sehr schwer zu verstehen. Je schwerer sie sind, desto geachteter sind sie. Wenn die Leute etwas nicht verstehen können, meinen sie, es sei etwas Großes, Mysteriöses, etwas, das weit über ihren Horizont hinausgeht. Und natürlich ist so etwas dann ehrfurchtgebietend. Die Hindus benutzen für ihre religiösen Abhandlungen eine eigene Sprache, Sanskrit, die nie eine lebendige Sprache gewesen ist. Sie ist nie vom Volk auf dem Marktplatz gesprochen worden; es war die Sprache der Experten. Aber sie haben sich immer strikt geweigert, die Hindu-Schriften zu übersetzen.

Ich habe mich immer gefragt: Woher dieser Widerstand? Sie sollten doch froh sein, dass ihre Schriften übersetzt werden und ihre Botschaft in alle Winkel der Welt getragen wird. Aber als ich ihre Schriften studierte, begriff ich den Grund. Der Grund war, dass in diesen Schriften nichts drinsteht. Nur weil die Sprache so schwer ist und die Menschen sie nicht verstehen, wird ihnen auch weiterhin Reverenz erwiesen. Sobald es in die Sprache des Volkes übersetzt würde, verlöre es allen Glanz, verlöre es alle Spiritualität. Es würde so gewöhnlich! Denn jetzt wäre es nicht mehr schwierig.

Und das Gleiche gilt für andere – zum Beispiel die Juden: Die Rabbiner bevorzugen noch heute Hebräisch. Heute ist es keine lebendige Sprache mehr – warum also noch darauf beharren? Aber dem Verstand vermittelt sie den Eindruck des Mysteriösen, des Undurchdringlichen, des Heiligen, den Eindruck von etwas ganz Hohem, vor dem einem nichts anderes übrig bleibt, als sich zu verbeugen. Sobald es übersetzt ist, hat es nichts mehr. Und vor allem hat es nichts, was du brauchst.

Keine dieser Schriften lehren dich etwas über die Liebe – was sie im Einzelnen ist, was ihre verschiedenen Dimensionen sind. Keine dieser Schriften lehren dich etwas über Freiheit. Keine dieser Schriften lehren dich etwas über dich – dein Leben, und wie du es in ein Fest verwandeln kannst. Sie reden von Gott ... Mir ist noch kein einziger Mensch begegnet, der irgendwelche Probleme mit Gott hätte. Er ist so irrelevant. Ist Gott das Problem irgendeines Menschen? Ist der Heilige Geist das Problem irgendeines

Menschen? – alles Dinge, die für die menschliche Existenz absolut irrelevant sind.

Euer Verstand ist mit unnötigem Ballast aller Art vollgepackt worden. In eurem Verstand ist kein Raum mehr für die Realitäten, die ihr leben müsst. Noch euer größter Theologe stellt sich in der Liebe so albern an wie ihr selber auch, hat genauso wenig Ahnung von Freiheit, hat genauso wenig den Unterschied zwischen Persönlichkeit und Individualität untersucht.

Ich hatte einen Professor, der Religion unterrichtete. Nachdem ich ihm ein paar Tage zugehört hatte, stand ich auf und sagte zu ihm: „Ich finde, Sie reden von lauter belanglosen Dingen. Ich sehe hier keinen einzigen Studenten, für den Gott ein Problem wäre! Und ich sehe auch nicht, dass Gott ein Problem für Sie ist" – denn ich wohnte damals genau gegenüber von seinem Haus: Sein Problem war seine Frau!

Ich sagte zu ihm: „Ihr wirkliches Problem ist Ihre Frau – darüber können sie gern diskutieren. Gott ist absolut abstrakt. Ich habe noch nie gesehen, dass Sie in ihrem Haus über Gott nachdächten. Und alles, was Sie da über Gott lehren, enthält nichts von Ihrer Erfahrung, war nie Gegenstand Ihrer Suche. Und sie stopfen diesen unschuldigen Leuten den Kopf mit Ideen voll, die zu nichts nutze sind. Reden Sie über Liebe!"

Er war bitterböse. Er sagte: „Kommen Sie mit zum Rektor!" Ich sagte: „Ich kann sogar mit zu Gott kommen! Sie können mir nicht drohen." Auf dem Weg zum Rektor fragte er mich: „Sie haben keine Angst?" Ich sagte: „Wieso sollte ich Angst haben? Sie sollten Angst haben! Ich kenne alle Ihre Studenten – deren Problem ist die Liebe. Und Ihr Problem ist die Liebe. Und ich werde dem

Rektor sagen: Wenn Sie mir nicht glauben, lassen Sie einfach die Frau dieses Professors rufen, und Sie werden sehen, was ich mit Problem meine."

Er sagte: „Sie machen es zu kompliziert."

Ich sagte: „Ich mache es absolut einfach, rein faktisch. Ich kann alle Studenten ins Büro mitbringen – sie haben allesamt Liebesprobleme. Der eine ist hinter einer bestimmten Frau her und bekommt sie nicht, und das ist sein Problem. Und der andere hat sie, und das ist sein Problem."

Er sagte: „Kommen Sie besser wieder mit zurück, es ist nicht nötig."

Ich sagte: „Ich kehre nie um, egal wo ich bin. Wenn Sie nicht mitkommen, geh ich allein."

Er sagte: „Wenn ich doch sage, dass es nicht nötig ist?"

Ich sagte: „Es mag für Sie nicht nötig sein – für mich ist es nötig. Ich muss die Sache endgültig klarstellen. Denn für mich ist Liebe ein religiöses Phänomen, wogegen Gott keines ist. Gott ist nur eine Hypothese. Das Wort bedeutet nichts, weil ihm nichts entspricht. Und Liebe ist ein religiöses Phänomen. Solange sie nicht in ihrer Gesamtheit verstanden ist, muss ein Mensch zwangsläufig unglücklich werden – durch etwas, was sein Leben hätte göttlich machen können. Dasselbe, was sein Himmel hätte sein können, wird seine Hölle werden, weil er nicht versteht. Und Liebe ist zweifellos eine Kunst. Wer schert sich schon um Gott? Fangen Sie endlich an, von den Dingen zu reden, die Sinn machen. Wir sind hergekommen, um Religion zu verstehen, nicht Quatsch."

„Aber", sagte er, „im ganzen Lehrplan steht kein Wort von Liebe, Freiheit, Individualität, Stille … Wir müssen uns an den Lehrplan halten!"

Die Universitäten halten sich an ihre Lehrpläne, ohne sich um das wirkliche Leben des Menschen zu kümmern – seine wirklichen Probleme. Und weil ich über simple Dinge spreche, haben viele Leute einfach das Gefühl: „Was hat denn das mit Religion zu tun?“ Denn sie haben eine Vorstellung von Religion als abstrakte Hypothesen – kompliziert! Und über die könnt ihr ewig nachdenken, ohne dass es einen Einfluss auf euer Leben hat: Ihr bleibt die gleichen. Ob man Hindu oder Muslime oder Christ ist, ist egal: Eure wirklichen Probleme sind überall gleich.

Eure unwirklichen Probleme unterscheiden sich, aber diese unwirklichen Probleme sind nichts als Ballast für den Kopf. Es ist möglich, mich zu verstehen; ihr braucht bloß euren Kopf aus dem Spiel zu lassen, mitsamt seinem komplizierten Apparat. Er wird nicht gebraucht. Denn meine Arbeit geht von Herz zu Herz.

Ich spreche aus meinem Herzen. Ich bin kein Theoretiker. Ich spreche nicht aus dem Kopf. Ich schütte euch mein Herz aus – aber wenn ihr vom Kopf her zuhört, entgeht euch alles. Wenn auch ihr bereit seid, eine neue Tür in euer Sein hinein aufzutun, wenn ihr bereit seid, vom Herzen her zuzuhören, dann ist alles, was ich sage, so einfach, dass man es nicht erst zu glauben braucht, weil es da gar nichts zu bezweifeln gibt. Es ist so einfach, dass jeder Zweifel ausgeschlossen ist.

Ich bin gegen jeden Glauben, aus dem einfachen Grund, dass zu meiner ganzen Lehre kein Glaube nötig ist. Ich bin absolut für den Zweifel. Denn meine Lehre ist so einfach, dass ihr nicht zweifeln könnt. Alle Religionen der Welt fordern Glauben, denn was sie lehren, lässt sich bezweifeln. Und sie sind alle gegen den Zweifel, weil der Zweifel ihr ganzes Gebäude zum Einsturz bringen kann.

Ich bin einfach und real. Ich bin nicht metaphysisch. Darum braucht man überhaupt nicht an mich zu glauben. Wer mich gehört hat, in dem muss unwillkürlich Vertrauen aufsteigen. Was nicht dasselbe wie Glaube ist, was eher der Liebe nahekommt. Selbst wenn du versuchst zu zweifeln, kannst du es nicht. Und wenn du etwas nicht mehr anzweifeln kannst, dann ist echtes Vertrauen da … unerschütterliches Vertrauen. Und das verwandelt – einfach dadurch, dass es in dir ist.

Mahavira ist in der ganzen Menschheitsgeschichte der Einzige, der auf einen Unterschied hingewiesen hat, einen bedeutsamen Unterschied, an den man in diesem Zusammenhang erinnern muss. Er sagt, es gibt zwei Wege, die zur Wahrheit führen.

Der eine ist der Weg des *Shravaka* – und *Shravaka* bedeutet: einer, der hören kann, einer, der vom Herzen her hören kann. Dann braucht er überhaupt nichts zu tun. Einfach zuzuhören genügt, und er wird verwandelt sein.

Und der andere Weg ist der des Asketen – der sich sehr anstrengen muss, um zur Wahrheit zu gelangen. Meine Arbeit bestand nicht darin, Menschen zu Asketen zu machen. Darum habe ich mich entschlossen zu sprechen: Denn einfach, indem ihr zuhört, könnt ihr wiedergeboren werden. Nichts anderes ist von eurer Seite erforderlich – einzig die Bereitschaft, die Türen eures Herzens zu öffnen.

Lasst mich einfach rein, und ihr werdet nicht mehr die Gleichen sein. Und ich habe gesehen, wie Tausende meiner Leute sich verändert haben, ohne es zu wissen – drastisch verändert haben. Aber die Veränderung hat sich fast unterirdisch vollzogen. Ihr Kopf durfte nicht einmal davon wissen – einfach von Herz zu Herz.

Die Leute hier haben keinerlei Therapie gebraucht. Die

Leute hier haben keinerlei Meditation gebraucht. Wenn sie so zugehört haben, wie ich es euch sage, dann ist dies ihre Meditation, und ist dies ihre Therapie, und ist dies ihre Revolution.

Was für eine Chance hat eine ideale Gesellschaft angesichts der Politiker und der Priester und der Machtinteressen des Kapitals?

Erstens, ich bin an keinerlei idealer Gesellschaft interessiert. Genauer gesagt, ich bin noch nicht einmal an irgendeinem idealen Individuum interessiert. Das Wort „ideal" ist für mich ein Schmutzwort. Ich habe keine Ideale. Ideale haben euch in den Wahnsinn getrieben. Es sind die Ideale, die diese Welt zu einem einzigen Irrenhaus gemacht haben.

Ein Ideal bedeutet, dass du nicht das bist, was du sein solltest. Es erzeugt Spannung, Angst, Qual. Es spaltet dich, es macht dich schizophren. Und das Ideal ist in der Zukunft, und du bist hier. Und wie kannst du leben, solange du nicht dem Ideal entsprichst? – sei erst das Ideal, dann fang zu leben an. Und das passiert nie. Das kann nicht passieren, das liegt nicht in der Natur der Dinge. Ideale sind unerreichbar. Darum sind sie Ideale. Sie machen dich verrückt und machen dich wahnsinnig. Und Verdammung entsteht, weil du immer hinter dem Ideal zurückbleibst. Schuld wird erzeugt.

Genau das ist es ja, was die Priester und die Politiker immer gemacht haben – sie wollen Schuld in euch erzeugen. Um Schuld zu erzeugen, setzen sie Ideale ein; das ist der einfache Mechanismus. Erst gib ein Ideal vor, dann kommt automatisch die Schuld. Wenn ich zu dir sage: „Zwei Augen sind nicht genug, du brauchst drei Augen, öffne dein drittes Auge, lies Lobsang Rampas, *Das dritte Auge*", und du dich nun mächtig anstrengst. Du tust dieses und du tust jenes und du machst Kopfstand und sagst ein Mantra auf, aber das dritte Auge öffnet sich nicht. Nun, dann fängst du an, dich schuldig zu fühlen – irgendwo hapert es … du bist einfach nicht gut genug. Du wirst deprimiert. Du reibst fest das dritte Auge, aber es öffnet sich nicht …

Hütet euch vor all diesem Unsinn. Diese zwei Augen sind wunderschön. Und wenn du nur ein Auge hast, ist das völlig genug. Denn Jesus sagt: „Wenn zwei Augen eins werden, dann ist der ganze Körper voller Licht." Aber damit sage ich nicht, ihr sollt hingehen und aus zwei Augen eines zu machen versuchen. Nein, akzeptiert euch einfach so, wie ihr seid. Gott hat euch vollkommen geschaffen, er hat nichts in euch unvollständig belassen. Und wenn ihr das Gefühl habt, da sei irgendwo eine Unvollständigkeit, dann ist sie Teil der Vollkommenheit.

Ihr seid vollkommen unvollkommen. Gott weiß es besser: dass es nur in der Unvollkommenheit ein Wachstum gibt, dass es nur in der Unvollkommenheit ein Fließen gibt, dass nur in der Unvollkommenheit etwas möglich wird. Wenn du einfach vollkommen wärst, wärst du tot wie ein Fels. Dann würde nichts passieren, dann könnte nichts passieren. Wenn ihr mich versteht, möchte ich euch gern sagen: Gott ist ebenfalls vollkommen unvollkommen.

Andernfalls wäre er längst tot. Er hätte nicht erst abgewartet, bis Friedrich Nietzsche erklärte, dass Gott tot ist. Was würde dieser Gott machen, wenn er vollkommen wäre? Dann könnte er gar nichts machen, dann könnte er keine Freiheit haben, irgendetwas zu tun. Er könnte nicht wachsen, es ginge nirgends weiter. Er säße da einfach fest. Er könnte noch nicht einmal Selbstmord begehen, denn wenn du vollkommen bist, tust du so etwas nicht.

Akzeptiere dich, wie du bist. Ich bin an keinerlei idealer Gesellschaft interessiert, absolut nicht.

Ich bin noch nicht einmal an idealen Individuen interessiert. Ich bin überhaupt nicht am Idealismus interessiert!

Und die Gesellschaft existiert für mich nicht, es gibt nur Individuen. Die Gesellschaft hat nur Funktionswert, ist nützlich als Struktur. Man kann einer Gesellschaft nicht über den Weg laufen. Ist euch je eine Gesellschaft über den Weg gelaufen? Ist euch je die Menschheit über den Weg gelaufen? Ist euch je der Hinduismus, der Islam über den Weg gelaufen? Nein, euch ist immer nur der Einzelne über den Weg gelaufen – das konkrete, das greifbare Individuum.

Aber die Leute haben sich den Kopf zerbrochen, wie sie die Gesellschaft verbessern können, wie sie eine ideale Gesellschaft herstellen können. Und diese Leute haben sich als eine Katastrophe erwiesen. Sie waren ein enormer Schaden. Ihrer idealen Gesellschaft zuliebe haben sie den Leuten die Achtung vor sich selbst geraubt und haben allen Schuldgefühle eingeimpft.

Alle Welt fühlt sich schuldig, niemand scheint so mit sich zufrieden, wie er ist. Und Schuldgefühle könnt ihr mit jeder beliebigen Sache stiften; aber wenn ihr erst einmal Schuldgefühle gestiftet habt, werdet ihr mächtig. Die Person, die dir die Schuldgefühle eingeimpft hat, gewinnt Macht über dich. Merkt euch diese Strategie – denn jetzt kann nur er dich von der Schuld erlösen. Dann musst du zu ihm gehen.

Der Priester erzeugt erst Schuldgefühle, danach musst du zur Kirche gehen. Dann musst du hingehen und beichten: „Ich habe die und die Sünde begangen." Und er vergibt dir im Namen Gottes. Erst erzeugt er Schuld im Namen Gottes, dann vergibt er dir im Namen Gottes.

Alois wurde von seiner Mutter erwischt, wie er gerade eine schwere Sünde beging. Sofort schickte sie ihn zur Beichte.

„Pater", sagte Alois, „ich habe an mir herumgespielt."

„Warum hast du das getan?"

Der Pfaffe wurde ganz böse und laut.

„Ich hatte nichts Besseres zu tun", sagte Alois.

„Zur Buße sagst du fünf Vaterunser und fünf Gegrüßet-seist-du-Marias."

Eine Woche später erwischte Aloischens Mutter ihn erneut, und wieder wurde er zur Beichte geschickt.

„Pater, ich habe an mir herumgespielt."

„Warum hast du das getan?"

„Ich hatte nichts Besseres zu tun", sagte Alois.

„Zur Buße sagst du zehn Vaterunser und zehn Gegrüßet-seist-du-Marias."

Eine Woche darauf wurde Alois erneut schuldig.

„Zur Kirche, ab marsch, marsch!", sagte die Mutter. „Und bring dem guten Vater dies Stück Schokoladentorte mit."

Während er am Beichtstuhl Schlange stand, aß Alois die Torte auf. Im Beichtstuhl sagte er: „Pater, Mutter hat mir Schokoladentorte für dich mitgegeben, aber ich hab sie beim Warten verputzt."

„Warum hast du das getan?", fragte der Pfaffe.

„Ich hatte nichts Besseres zu tun."

„Und warum hast du nicht an dir rumgespielt?"

Den Priester schert es nicht, was ihr tut; er verfolgt seine eigenen Interessen – seine Schokoladentorte! Und dann magst du zur Hölle fahren. Dann kannst du machen, was du willst, nur – wo ist die Schokoladentorte?

Erst machen sie euch Schuldgefühle, dann vergeben sie euch im Namen Gottes. Sie machen euch zu Sündern und sagen dann: „Jetzt kommt zu Christus, er ist der Erlöser."

Niemand ist da, der euch erlösen kann, denn ihr habt gar keine Sünde begangen. Ihr braucht nicht erlöst zu werden.

Ich bin an keinerlei idealen Gesellschaft interessiert. Bitte gebt diesen Traum auf. Er hat große Alpträume über die Welt gebracht. Merkt euch: Nichts kann heute mehr politisch geschehen. Die Politik ist tot. Wofür ihr auch stimmen mögt, links oder rechts, tut es ohne Illusionen. Es ist notwendig, auf die Vorstellung zu verzichten, irgendein System könnte der Erlöser sein. Kein System kann der Erlöser sein – Kommunismus, Faschismus, Gandhiismus.

Keine Gesellschaft kann euch erlösen, und keine Gesellschaft kann eine ideale Gesellschaft sein. Und es gibt keinen Heiland – Christus, Krishna oder Ram. Ihr müsst einfach hinschmeißen, was ihr mit euch herumschleppt – diesen Unsinn von wegen Schuld, und dass ihr große Sünder seid.

Steckt eure ganze Energie ins Tanzen, Feiern. Und dann seid ihr ideal, hier und jetzt – nicht, dass ihr erst ideal werden müsstet!

Die Ideologie als solche hat ihre Wahrheit verloren. Ja, es war von Anfang an keine da. Und ihre Überzeugungskraft hat sie auch eingebüßt. Nur wenige ernste Köpfe glauben überhaupt noch, dass man Baupläne fixieren und durch gesellschaftliche Umstrukturierungen eine neue Utopie sozialer Harmonie herbeiführen könne. Wir leben im Zeitalter absoluter Freiheit. Wir sind erwachsen geworden. Die Menschheit ist nicht mehr kindisch, sie ist reifer. Wir leben in einer sehr sokratischen Periode, weil die Menschen alle wichtigen Fragen des Lebens stellen.

Fangt nicht an, nach einem Zukunftsideal, nach einer

Idee, nach Vollkommenheit zu lechzen und zu sehnen. Lasst alle Ideale fahren und lebt hierjetzt.

Du hast von Wachheit und Bewusstsein gesprochen, und es klang so, als sei das das Einzige, was man zur Orientierung brauche, um immer richtig zu handeln. Heißt das etwa, dass Mord, Vergewaltigung und Diebstahl nur insofern verkehrt sind, als diese Dinge ohne Wachheit, ohne Bewusstsein geschehen?

Die einzige Sünde ist Unbewusstheit, und die heilige Tugend heißt Bewusstheit. Alles, was man nur mit Unbewusstheit fertigbringt, ist Sünde. Alles, was man nur durch Bewusstheit fertigbringt, ist Tugend. Es ist unmöglich, zu morden, wenn du bewusst bist. Es ist unmöglich, überhaupt gewalttätig zu sein – wenn du bewusst bist. Es ist unmöglich, zu vergewaltigen, zu stehlen, zu foltern – alles lauter Unmöglichkeiten, wenn Bewusstheit da ist. Also nur wenn Unbewusstheit herrscht, im Dunkel der Unbewusstheit, können alle möglichen Feinde in dich eindringen.

Buddha hat gesagt: „Wenn das Licht im Hause scheint, meiden die Diebe es. Und wenn der Hüter wacht, werden die Diebe nicht einmal den Versuch machen. Und wenn drinnen Leute herumgehen und reden und das Haus noch nicht schlafen gegangen ist, ist es ausgeschlossen, dass Diebe eindringen oder auch nur daran denken."

Genau dasselbe trifft auf euch zu. Ihr seid ein Haus ohne Licht. Der gewöhnliche Zustand des Menschen ist der eines mechanischen Funktionierens: *homo mechanicus.* Nur dem Namen nach seid ihr Mensch, und im Übrigen nur eine eingespielte, geschickte Maschine, und was immer ihr tut, wird verkehrt sein. Und ich sage wohlgemerkt: Was immer ihr tut – selbst eure Tugenden werden keine Tugenden sein, wenn ihr unbewusst seid. Wie könnt ihr tugendhaft sein, wenn ihr unbewusst seid? Hinter eurer Tugendhaftigkeit kommt ein großes, enormes Ego – das ist zwangsläufig so. Selbst eure Heiligkeit, gehegt und gepflegt unter größten Anstrengungen und Mühen, ist vergeblich! Denn sie bringt euch keine Einfachheit und sie bringt euch keine Demut und sie bringt euch nicht jene großartige Erfahrung des Göttlichen, die nur eintritt, wenn das Ego sich aufgelöst hat. Ihr werdet ein achtbares Leben als Heiliger führen, aber so arm sein wie jeder andere – innerlich morsch, innerlich eine sinnlose Existenz, kein Leben, sondern ein bloßes Dahinvegetieren. Eure Sünden werden Sünden sein, eure Tugenden werden ebenfalls Sünden sein. Eure Unmoral wird Unmoral sein, eure Moral wird ebenfalls Unmoral sein.

Ich lehre euch keine Moral, und ich lehre euch keine Tugend – denn ich weiß, ohne Bewusstheit ist sie nur Vortäuschung, Heuchelei. Sie macht euch unecht. Sie befreit euch nicht, sie kann euch nicht befreien. Im Gegenteil, sie sperrt euch ein. Nur dies eine genügt: Bewusstheit. Sie ist ein Dietrich. Sie schließt alle Türen der Existenz auf.

Bewusstheit heißt: Du lebst von Moment zu Moment, hellwach, dir deiner selbst bewusst und all dessen bewusst, was um dich herum geschieht, darauf eingehend, von Augenblick zu Augenblick. Du bist wie ein Spiegel.

Sei ein Spiegel. Und spiegele so total wider, dass alles, was aus diesem Widerspiegeln geboren wird, richtig ist – weil es passt, weil es mit der Existenz harmoniert. Wenn du nicht wirklich den Anstoß gibst, bist du nicht der, der es tut. Es entsteht vielmehr aus dem Gesamtzusammenhang, die ganze Situation – du und alles – ist daran beteiligt.

Aus dieser Ganzheit heraus wird das Handeln geboren – es ist nicht dein Handeln. Du hast nicht beschlossen, es auf diese Weise zu tun; es ist nicht deine Entscheidung, es ist nicht dein Gedanke, es ist nicht dein Charakter. Du tust es nicht, du lässt es nur zu.

Du gehst einfach am Morgen spazieren, die Sonne ist noch nicht aufgegangen, und du entdeckst eine Schlange vor dir auf dem Weg – du hast keine Zeit zu denken ... du spiegelst nur wider. Du hast keine Zeit zu überlegen, was du tun oder nicht tun sollst. Du springst augenblicklich! Merkt euch das Wort „augenblicklich" – nicht einmal ein einziger Augenblick wird versäumt. Du springst augenblicklich aus dem Weg. Später kannst du dich unter einen Baum setzen und darüber nachdenken ... was gerade passiert ist, wie du's gepackt hast ... und du kannst dir auf die Schulter klopfen, dass du's prima gepackt hast. Aber in Wirklichkeit warst nicht du es, der es tat – es geschah! Es geschah aus dem Gesamtzusammenhang heraus. Du, die Schlange, die Todesgefahr, der Impuls des Lebens, sich zu retten ... und tausendundein Faktor waren beteiligt. Die Gesamtsituation war es, die die Handlung verursachte. Du warst nur ein Medium. Nun, so ein Handeln passt. Nicht du handelst. Religiös ausgedrückt können wir sagen: „Gott" hat durch dich gehandelt. Das ist aber nur eine religiöse Redensart, sonst nichts. „Das Ganze" hat durch „den Teil" gehandelt – das ist Tugend. Dann wirst du es nie bereuen.

Und dann ist es ein wirklich befreiender Akt. Einmal geschehen, ist er vorbei. Du bist wieder frei zu handeln, du wirst diesen Akt nicht im Kopf behalten, er wird nicht in deine psychologische Erinnerung eingehen. Er wird keine Wunde in dir hinterlassen. Er war so spontan, dass er keine Spur zurücklassen wird.

Dieser Akt wird nie zu einem Karma werden. Dieser Akt wird nie einen Kratzer in dir hinterlassen. Der Akt, der zum Karma wird, ist derjenige Akt, der nicht wirklich ein Akt ist, sondern eine Reaktion, die aus der Vergangenheit, aus der Erinnerung, aus dem Denken kommt. Du bist der Entscheidende, du triffst die Wahl, es geschieht nicht aus Bewusstheit, sondern aus Unbewusstheit heraus. Dann ist es alles Sünde. Für mich ist Bewusstheit alles. Ich lehre euch Bewusstheit.

Plato war es, der in dem Versuch, die Bedeutung des Erziehungsprozesses zu vermitteln, das Gleichnis von der Höhle erzählte. Angekettet in einer unterirdischen Höhle, wird einer der Gefangenen, der bisher nur die illusionären Schatten der wirklichen Welt wahrgenommen hat, von den Ketten befreit und darf die Reise ins Licht draußen antreten. Wie er aus der Höhle heraustritt, wird er von der Helligkeit der Sonne geblendet und wünscht einen Moment lang, umzukehren. Aber er erkennt, dass das einzig authentische Leben für einen Menschen darin besteht, mit einer klaren Sicht der Dinge zu leben, so wie sie sind.

Obwohl eben noch geblendet vom Licht und nach Dunkelheit verlangend, beschließt er nun, die Höhle der Schatten und ihre Welt der Einbildungen hinter sich zu lassen. Aber jetzt, da er gesehen hat, bewusst geworden ist, klar wahrgenommen hat, weiß er, dass er zurückkehren und die anderen befreien muss, auf dass auch sie den Schleier der Illusionen durchschauen, die sie in einer unwirklichen Welt gefesselt und gefangen halten. Im selben Moment, da du bewusst wirst, ist es nicht mehr nur dein Leben, welches transformiert wird: Du beginnst augenblicklich, auf eine neue Art und Weise zu wirken – du verhilfst nun auch anderen zur Transformation.

Denn wenn du einmal das Licht der Bewusstheit erblickt hast, wenn du einmal aus der Höhle des unbewussten Geistes heraus bist, stellst du überrascht fest, dass alles, was du zuvor kanntest, nicht wirklich war – es waren nur Schatten des Wirklichen. Du hattest vom Wirklichen geträumt. Und wenn du erst einmal das Licht gesehen hast, möchtest du auch andere daran teilhaben lassen, möchtest du in die Höhle zurückkehren und andere Gefangene aus den Ketten lösen. Nichts anderes haben all die großen Meister seit Menschengedenken getan.

Anfangs werdet ihr geblendet sein. Anfangs werdet ihr spüren, wie eure Augen schmerzen. Das ist der Wachstumsschmerz. Anfangs wird das Verlangen – ein großes Verlangen! – aufkommen, ins Dunkel zurückzukehren. Denn ihr habt euch daran gewöhnt. Es war wohlig. Aber wenn ihr auch nur ein kleines Stückchen Wirklichkeit erblickt habt, könnt ihr nicht mehr umkehren; ihr habt den Punkt überschritten, nach dem es keine Rückkehr mehr gibt. Ihr werdet im Licht leben müssen.

Ihr werdet lernen müssen, wie man Licht absorbiert, denn die Wirklichkeit ist so beseligend! Und aus der Erfahrung des Wirklichen heraus wird das Leben religiös. Aus der Erfahrung des Wirklichen heraus könnt ihr nicht mehr so handeln wie einst.

Ich weiß, warum sich dir diese Frage stellt – weil du versucht hast, nicht wütend zu werden; du hast es dir so oft vorgenommen, und dennoch passiert es immer wieder. Du hast versucht, nicht gierig zu sein, aber wieder und wieder gehst du in die Falle. Du hast alles Mögliche versucht, um dich zu verändern, aber es kommt offenbar nie etwas dabei heraus. Du bleibst, wie du bist.

Und da sage ich nun, dass es einen einfachen Schlüssel

gibt – Bewusstheit. Das kannst du nicht glauben. Wie soll Bewusstheit, einfach Bewusstheit, helfen, wo doch alles andere nichts genützt hat? Schlüssel sind immer sehr klein. Schlüssel sind keine sehr großen Dinge. Ein sehr kleiner Schlüssel kann ein sehr großes Schloss öffnen. Und warum funktioniert Bewusstheit wie ein Schlüssel?

Ein Mensch, der gerade einen Traum erlebt, schläft tief; er hat einen Alptraum, wird gerade gefoltert, wird gerade umgebracht. Und natürlich kämpft er, wehrt sich, hat enorme Angst, möchte, dass einer ihn rettet, und findet keinen Ausweg. Rings um ihn her lauter Feinde mit bloßen Schwertern. Der Tod scheint gewiss. Zitternd, schwitzend erwacht er, einfach von der Qual des Alptraums. Noch ist sein Atem nicht normal, noch steht ihm der Angstschweiß auf der Stirn, noch zittert er; aber schon fängt er an zu lachen. Es ist alles in Ordnung – der Traum ist verschwunden.

All diese Feinde und die bloßen Schwerter waren keine Wirklichkeiten. Er braucht nicht um Hilfe zu bitten. Er braucht für keine Verteidigung zu sorgen. Das Ganze war nur eine Schattenwelt. Einmal erwacht, ist der ganze Traum verschwunden. Und im Traum hatte er alles Erdenkliche unternommen, um sich zu schützen, aber umsonst. Und so liegt der Fall – bei dir wie bei allen anderen.

Wut ist ein Schatten. Du kannst nicht siegen, wenn du gegen einen Schatten kämpfst. Gier ist ein Schatten – das alles sind keine Realitäten. Realität ist das, was bleibt, wenn sich Bewusstheit eingestellt hat. Und dies ist das Wunder: Für alle, die je zur Bewusstheit fanden, war nichts mehr von Wut oder Gier zu entdecken. Nicht, dass sie diese Dinge aufgegeben hätten – sie finden sie einfach nirgends! Kaum ist das Licht da, ist keine Dunkelheit mehr da.

Buddha soll gesagt haben, als er erleuchtet wurde … im allerersten Moment lächelte er und sagte: „Das ist unglaublich! Also bin ich von Anfang an erleuchtet gewesen?! Und all diese Ketten und all diese Kerker waren nur Träume?" Wann immer die Leute ihn fragten: „Was sollen wir tun, um nicht wütend zu werden", oder: „Was sollen wir tun, um nicht gierig zu sein", oder: „Was sollen wir tun, um nicht von Sex oder Essen beherrscht zu werden?", war seine Antwort immer die gleiche: „Seid bewusst. Bringt Bewusstheit in euer Leben."

Sein Jünger, Ananda – der immer wieder mit anhören musste, wie alle möglichen Leute mit allen möglichen Problemen ankamen, der Arzt ihnen aber immer wieder das Gleiche Rezept verschrieb – begriff nicht.

Er sagte: „Was ist los mit dir? Sie kommen mit allen möglichen Krankheiten, der eine mit Gier und der andere mit Sex und der Nächste mit Essproblemen und wieder ein anderer mit wieder was anderem – aber dein Rezept bleibt das Gleiche!"

Buddha sagte: „Ihre Krankheiten sind so verschieden, wie die Träume verschieden sind, die die Leute haben können."

Ihr zum Beispiel – wenn ihr alle einschlaft, werdet ihr tausend verschiedene Träume haben. Ihr könnt wohlgemerkt niemanden einladen, an eurem Traum teilzuhaben – er ist sehr privat, nicht einmal eure Frau oder euer Mann kann an ihm teilhaben, keiner kann es.

Ein paar Tausend Leute werden also ein paar Tausend Träume haben. Aber wenn ihr zu mir kommt und fragt, wie ihr diesen Traum loswerden könnt, wird die Medizin die gleiche sein: Wach auf! Sie wird nie anders lauten. Die Rezepte werden identisch sein. Ihr könnt es Bewusstheit nennen, ihr könnt es Zeugesein nennen, ihr könnt es

Erinnern nennen, ihr könnt es Meditation nennen – das alles sind nur verschiedene Namen für die gleiche Medizin: Handle mit mehr Bewusstheit!

> Ein Mann fuhr mit dem Zug von der Arbeit nach Hause. Kurz nach der Abfahrt war er eingeschlafen, eingelullt vom gleichmäßigen Rütteln des Zuges. Irgendwo zwischen zwei Bahnhöfen blieb der Zug auf einmal stehen. Der Mann erwachte plötzlich, glaubte, der Zug sei am Ziel und verlor keine Zeit, um auszusteigen. Er öffnete die Tür – und fiel platt auf die Gleisanlage! Die anderen Passagiere halfen dem geschockten und verschrammten Mann zurück in den Zug.
> Nachdem er sich abgestaubt und seinen Schlips geradegezogen und seine blutende Nase sauber gewischt hatte, sagte er: „Wie dumm von mir, auf der falschen Seite auszusteigen!" – sprach's, öffnete die gegenüberliegende Tür, trat raus und fiel vor den eben heranbrausenden Schnellzug!

Das einzige Problem mit dem Menschen ist, dass er fest schläft – mit offenen Augen. Darum ist euch nicht einmal bewusst, dass ihr nicht bewusst seid! Eure Augen sind offen, und ihr träumt – eintausendundeinen Traum, eintausendundein Verlangen. Ihr seid nicht hierjetzt – genau das heißt „nicht bewusst sein". Ihr seid in der Vergangenheit, in den Erinnerungen – das ist ein Traum. Oder ihr seid in der Zukunft, in der Fantasie – das ist ein Traum.

Seid jetzt, hier! Wenn die Vergangenheit da ist, bist du nicht bewusst. Wenn die Zukunft da ist, bist du nicht bewusst. Bewusstheit heißt: Präsenz in der Gegenwart. Sei einfach jetzt im Moment hier. Selbst wenn ein einziger

Gedanke in dir vorbeizieht, bist du nicht mehr bewusst. Im Denkprozess sein, heißt schlafen. Nicht im Denkprozess sein, heißt wach sein.

Und in dieser kristallklaren Reinheit des Hierseins, des Jetztseins – wie könntest du da eine Sünde begehen? In dieser Klarheit verschwindet das Ego. Und das Ego allein ruft alle möglichen Probleme im Leben hervor. Das Ego ist gewalttätig. Und wenn du versuchst, bescheiden zu sein, magst du bescheiden werden, aber das Ego wird da bleiben und sich hinter deiner Bescheidenheit verstecken. Ehe du nicht bewusst wirst, spielt das Ego immerzu neue Spielchen. Die Spielchen kann man ändern; du magst von einer Gefängniszelle in die nächste Gefängniszelle wandern, mehr nicht, aber du kommst nicht aus dem Gefängnis heraus. Der einzige Weg, aus dem Gefängnis herauszukommen ist, absolut da zu sein. In dieser Wachheit wirst du dich kristallisieren, in dieser Wachheit wirst du dich zentrieren. Und genau dieses Zentrieren führt dich genau in den Kern der Wirklichkeit. Und diese Erfahrung ist so selig, dass du kein Dieb mehr bleiben kannst – weil nun alles, was du brauchst, alles, was du dir je gewünscht hast, erfüllt ist. Ja, du hast niemals so viel verlangt, wie dir jetzt ganz von selber beschert wird. Wer wollte da noch ein Dieb sein? Wozu? Wer wollte da noch ein Mörder sein? Wozu? Du kannst dir nicht einmal vorstellen zu morden, denn jetzt weißt du: Nichts lässt sich ermorden – alles ist ewig. Es ist ein sinnloses Unterfangen. Du kannst nichts töten. Allerhöchstens kannst du die Hüllen wegnehmen, aber das innere Wesen lebt weiter.

Wenn du einmal dein inneres Wesen erkannt hast, hast du im Licht der Bewusstheit das Wesen von allem erkannt. Es ist Ewigkeit. Der Tod ist eine Täuschung.

Der Tod geschieht nur in Träumen, nicht in Wahrheit, nicht in Wirklichkeit.

Wie kannst du vergewaltigen, wenn du bewusst bist? Bewusstheit zieht eine Welle gewaltiger Liebe nach sich, und ein liebender Mensch kann nicht vergewaltigen. Zu vergewaltigen, das bringt nur ein Mensch fertig, der nie irgendwelche Liebe kennengelernt hat. Und vergesst nicht, dass die Leute, die Vergewaltigung begehen, nicht die einzigen Leute sind, die vergewaltigen: Ihr mögt gute Eheleute sein, du magst legal mit deiner Frau verheiratet sein und was nicht alles, aber deine Beziehung ist womöglich nichts weiter als die eines Vergewaltigers. Wenn du unbewusst bist, bleibt dir gar nichts anderes übrig – deine Beziehung wird die des Vergewaltigers bleiben. Du magst legal vergewaltigen, autorisiert sein, den Segen der Gesellschaft haben, aber das ist egal. Wenn deine Frau mit dir schläft, weil ihre Pflicht verlangt, mit dem Ehemann zu schlafen, wann immer er dies wünscht, ist es Vergewaltigung. Sie ist nicht wirklich bei der Sache – es ist Vergewaltigung. Sie erfüllt einfach nur die Pflichten einer Ehefrau. Wenn du mit deiner Frau Liebe machst und nicht absolut in diesem Moment gegenwärtig bist, ist es Vergewaltigung. Die Frau vergewaltigt dich – du vergewaltigst sie.

Liebe ist nur Liebe, wenn sie meditativ ist. Liebe ist nur Liebe, wenn auf beiden Seiten große Bewusstheit herrscht: Zwei „Jetzts“, die sich begegnen, zwei „Hiers“, die sich begegnen, zwei Präsenzen, die sich vermischen, die ineinander verschmelzen – dann ist es Liebe, und dann hat sie etwas Spirituelles an sich.

Aber ihr habt gelernt, ohne Bewusstheit zu leben. Ihr wisst, wie man sich ohne Bewusstheit bewegt, ihr kennt die Türen eures Hauses und die Zimmer, und ihr habt euch mit allen möglichen Fertigkeiten vertraut gemacht … ihr könnt ins Büro fahren und zurück, und dazu ist keine Bewusstheit nötig. Ihr braucht diese Dinge einfach nur mechanisch weiterzumachen.

Alle Sünden entstehen aus dieser Mechanik. Euer Leben wird zu einer Hölle. Hölle heißt einfach, nicht in der Gegenwart zu sein, und Paradies heißt einfach, in der Gegenwart zu sein.

Ein junger Farmerssohn aus Arkansas wird von seinem Vater nach New York geschickt, um dort unter der Obhut des großen Frank E. Campbell den Beruf des Bestattungsunternehmers zu erlernen.

Ein paar Monate später besucht der Vater den Sohn in der großen Stadt.

„Erzähl", fragt er, „hast du viel gelernt?"

„Klar doch, Dad", sagt der Sohn. „Ich hab ne Menge gelernt. Und es war höchst interessant."

„Und was ist das Interessanteste von all den Dingen, die du gelernt hast?"

Der Sohn überlegt etwas und sagt dann: „Na ja, da war 'ne ganz wilde Sache, da hab ich meine Lektion gelernt."

„Und zwar?"

„Well", sagt der Sohn, „eines Tages kriegen wir einen Anruf vom Taft Hotel. Das Zimmermädchen hatte in einem der Räume einen Mann und eine Frau tot im Bett gefunden, sie waren im Schlaf gestorben, komplett nackt."

„Wow!", sagt der Vater. „Und was hat Mr. Campbell gemacht?"

„Well, er hat sein Dinnerjacket angezogen, ich musste auch mein Dinnerjacket anziehen, und dann wurden wir in einer seiner Limousinen in das Taft Hotel chauffiert. Der Manager führte uns zum Empfangschef, der uns die Zimmernummer nannte. Dann brachte uns der Manager im Fahrstuhl rauf. Wir schwiegen, Mr. Campbell legt nämlich Wert darauf, alles mit großer Würde zu tun."

„Fantastisch!", ruft der Vater aus. „Und dann?"

„Well, wir kommen also in dieses Zimmer. Mr. Campbell stieß mit der goldenen Spitze seines Spazierstocks die Tür auf. Er, der Manager und ich gingen leise rein. Und richtig, da auf dem Bett lag das nackte Paar, beide auf dem Rücken."

„Und?", fragt der Vater.

„Well, Mr. Campbell sah sofort ein Problem. Der Mann hatte eine riesige Erektion."

„Und dann?", fragt der Vater.

„Mr. Campbell war der Situation wie immer gewachsen. Er schwang den Stock mit der goldenen Spitze und versetzte dem Schwanz eine eleganten Schlag."

„Und dann?", fragt der Vater.

„Ich sag dir, Dad, da war die Hölle los! Du musst nämlich wissen, wir waren im falschen Zimmer!"

Und so geht es weiter und weiter … ihr seid im falschen Zimmer, ihr seid immer im falschen Zimmer.

„Unbewusstheit" ist der Name des falschen Zimmers. Und egal was ihr tut, ob gut oder schlecht, ehrbar oder ehrlos, unterm Strich ist es immer das Gleiche – weil ihr im falschen Zimmer seid und im falschen Zimmer nichts richtig machen könnt. Ihr könnt im falschen Zimmer zum Heiligen werden, aber ihr werdet genau im selben Zimmer bleiben wie der Sünder. Ihr könnt sehr moralisch werden –

ihr seid vielleicht kein Dieb und ihr seid vielleicht kein Vergewaltiger und ihr seid vielleicht kein Mörder –, aber das Zimmer ist falsch, und egal was ihr seid, richtig könnt ihr nicht sein.

Euer geistiger Zustand muss insgesamt transformiert werden – und das heißt Bewusstheit. Ihr seid in der Vergangenheit, in der Zukunft, mit anderen Worten: im Denken. „Denken" ist der Name des falschen Zimmers.

Kommt aus dem Denken raus! Seid in der Gegenwart … und wenn ihr in der Gegenwart seid, gehört ihr nicht dem Denken an. Dann hat jeder Akt eine gewaltige Klarheit, weil ihr dann Spiegel seid. Und es liegt kein Staub auf dem Spiegel, weil sich kein Denken abspielt.

Das ist alles, was ich lehre: wie man wach ist, wie man bewusst ist – wie man ist, und zwar ohne Gedanken. Und dann fängt das Leben an, sich von selbst zu verändern. Und je bewusster ihr werdet, desto mehr wird euer Leben zu Stille, Frieden, Liebe. Das sind Begleiterscheinungen von Bewusstheit.

Ist es wahr, dass man durch die Hölle muss?

Du musst nicht durch die Hölle, weil du schon dort bist. Wo sonst willst du die Hölle finden? Das ist euer gewöhnlicher Zustand: Hölle. Glaubt nicht, die Hölle wäre irgendwo tief unten, unter der Erde. Die Hölle bist du.

Deine Unbewusstheit – genau das ist die Hölle. Dein unintelligentes Funktionieren – genau das ist die Hölle. Und weil so viele Menschen unintelligent funktionieren, ist die Welt immer in Qual.

So viele neurotische Menschen auf der Erde! Bis du erleuchtet bist, bleibst du mehr oder weniger neurotisch. So viele destruktive Menschen! Denn Kreativität wird erst möglich, wenn deine Intelligenz erweckt worden ist. Kreativität ist eine Funktion der Intelligenz. Dumme Leute können nur destruktiv sein. Und genau das spielt sich immerzu ab. Die Leute hören nicht auf, sich auf immer mehr und mehr Zerstörung vorzubereiten. Genau das tun eure Wissenschaftler, genau das tun eure Politiker.

> Nach dem Zweiten Weltkrieg wusste Gott nicht mehr weiter. Er konnte seinen eigenen Augen nicht trauen. Angesichts von Hiroshima, von Nagasaki, konnte er nicht glauben, dass er diese Spezies Mensch geschaffen hatte! Er fing an, das Ganze noch einmal zu überdenken, so wie wenn man einen Fehler bereut. Er hätte bei den Tieren haltmachen sollen, er hätte Adam und Eva nicht erschaffen sollen! Um den Menschen noch eine letzte Chance zu geben, rief er drei Vertreter der Welt zu sich, einen Russen, einen Amerikaner, einen

Engländer; das waren nach dem Zweiten Weltkrieg die mächtigen Leute.
Er fragte den Russen: „Warum richtet ihr euch auf immer mehr Zerstörung ein? Wenn ihr etwas benötigt, müsst ihr mich nur fragen, und ich werde es augenblicklich erfüllen. Aber keine Zerstörung mehr!“
Der Russe sah Gott sehr arrogant an und sagte: „Erstens glauben wir nicht, dass es dich gibt! Wir haben unsere eigene Dreifaltigkeit, Marx, Lenin und Stalin!“
Eine sehr unheilige Dreifaltigkeit – aber die Russen haben nunmal diese Dreifaltigkeit.
„An die glauben wir, nicht an dich! Aber wenn du willst, dass wir an dich glauben, musst du uns einen Beweis liefern.“
„Und der wäre?“, fragte Gott.
„Zerstöre Amerika! Du zerstörst es absolut, keine Spur dieser Seuche namens Amerika darf übrig bleiben. Dann wollen wir dich anbeten, dann wird in unseren Kirchen wieder zu beten angefangen, werden Altäre dir zu Ehren gebaut“, sagte der Russe
Gott war geschockt! Was für ein Gedanke – Amerika zerstören! Als der Russe sah, dass Gott schwieg, sagte er: „Wenn du es nicht kannst, mach dir keine Sorgen: Wir werden es sowieso tun. Es wird uns ein bisschen mehr Zeit kosten, aber wir werden es tun. Du brauchst nicht so traurig dreinzuschauen. Wenn du es nicht kannst, sag einfach, dass du es nicht kannst.“
Dann fragte Gott den Amerikaner: „Was ist dein Wunsch? Was möchtest du?“
Der sagte: „Nicht sehr viel, ein einfacher Wunsch. Es darf kein Platz für Russland auf der Weltkarte geben. Wir wollen UdSSR nicht mehr auf der Weltkarte

sehen. Nichts Großes – radier's einfach aus … Sonst ist alles okay, nur dieses UdSSR, das tut weh, sehr weh, es macht uns verrückt. Wir sind bereit, alles zu tun, um es auszuradieren, und wenn du mit deinem Segen nichts machen kannst, werden wir es tun."

Jetzt war Gott noch ratloser, noch verwirrter. Es war ja nachvollziehbar vom russischen Vertreter das zu hören, denn die Kommunisten glaubten nicht an Gott. Aber Amerika? Amerika glaubt an Gott! Es scheint also keinen Unterschied zu geben zwischen den Gläubigen und den Ungläubigen! Zwischen den Kapitalisten und den Kommunisten! Den Diktatoren und den Demokraten! Da scheint ja kein wesentlicher Unterschied zu bestehen, schließlich ist der Wunsch derselbe!

Er meinte nun, der englische Vertreter würde etwas menschlicher, verständiger sein, zumindest gentlemanlike. Und er war es!

Gott fragte ihn also: „Was ist dein Wunsch, was willst du?"

„Wir haben keinerlei Wünsche. Erfülle den Wunsch dieser beiden, und wir sind wunschlos glücklich!"

Aber so hat der Mensch gelebt, seit Menschengedenken! Weitaus mehr an der Zerstörung, dem Zerstören des anderen interessiert als daran, selber zu leben, als daran, das Leben zu genießen. Der Mensch scheint todesbesessen zu sein. „Tod über euch!" – wo immer der Mensch hinkommt, bringt er den Tod, die Zerstörung. Diese neurotische Gesellschaft kann es nur deshalb geben, weil die Einzelnen neurotisch sind. Diese Welt ist hässlich, weil ihr hässlich seid. Ihr steuert eure Hässlichkeit zu dieser Welt bei, und alle legen sie ihre Abscheulichkeiten, Neurosen zusammen, und die Welt wird immer mehr zur Hölle. Du brauchst nirgendwo hinzugehen: Das hier ist die einzige Hölle, die es gibt. Aber du kannst da herauskommen. Indem du verstehst, inwiefern dein Verstand zu dieser Hölle beiträgt, kannst du dich zurückziehen.

Und ein einziger Mensch, der sich weigert, diese Hölle zu unterstützen, der nicht kooperiert, der rebellisch ist, wird eine große Quelle dafür sein, dass der Himmel zur Erde gelangt. Er wird zum offenen Tor. Du brauchst nicht in die Hölle zu gehen. Du bist bereits dort.

Ja, wenn ich sage, du musst in den Himmel kommen, meine ich damit: Der Himmel muss zu dir kommen – sei du nur offen für den Himmel! Lass zu, dass all deine destruktiven Energien der Kreativität geopfert werden, lass deine Dunkelheit zu einem Licht werden, lass deine Unbewusstheit meditativ werden, und du wirst eine Tür für Gott werden, und Gott kann, durch dich hindurch, wieder in die Welt kommen. Das ist der Sinn des christlichen Gleichnisses, dass Jesus von einer Frau, Maria, geboren wird, die Jungfrau ist. Das ist ein Gleichnis, voller Bedeutung – es birgt einen tiefen Sinn.

Aber törichte Leute wollen beweisen, dass sie wirklich Jungfrau war, physisch; das ist Unsinn. Aber sie war jungfräulich, sie war rein, absolut rein. Sie war der Himmel auf Erden; nur dann kann Jesus durch sie eintreten, nur dann kann Gott seine Hand der Welt entgegenstrecken.

Werde du zu einem Vehikel! Lass Gott irgendein Instrument durch dich spielen, eine Vina, eine Sitar … lass Gott ein Lied durch dich singen – werde du nur zu seiner Flöte, seinem hohlen Bambus.

Und genau das ist es, was ich all die Tage zu euch gesagt habe: Wenn ihr ein Nichts werden könnt, werdet ihr zum hohlen Bambus und werdet ihr zur Flöte, und Gottes Lied kann zur Erde niedersteigen. Es wird sehr gebraucht! Das kleinste Quentchen geistiger Gesundheit, das durch euch in diese Wahnsinnswelt kommt – es wird sehr gebraucht, es wird dringend gebraucht.

Das Gefühl, etwas Außergewöhnliches und Besonderes zu sein, hat mich von den anderen abgeschnitten. Warum kann ich nicht natürlich und spontan sein? Warum kann ich dieses ewige Urteilen nicht lassen, das mich nur unglücklich macht?

Im selben Moment, da man anfängt zu glauben man müsse etwas Außergewöhnliches, Ausgefallenes, Besonderes sein, wird man für immer und ewig unglücklich bleiben – denn jeder ist bereits besonders, bereits ausgefallen, bereits außergewöhnlich. Wie willst du denn einen außergewöhnlichen Menschen außergewöhnlicher machen? Es wird dir nicht gelingen. Die Leute schaffen es nicht, etwas Außergewöhnliches zu werden, weil sie es bereits sind. Wären sie es nicht, wäre es ihnen vielleicht gelungen.

Jeder einzelne Mensch ist einmalig, unvergleichlich. Nie zuvor hat es jemanden wie dich gegeben, und nie wieder wird es jemanden wie dich geben. Du bist einfach nur du, eine Klasse für sich. Jetzt also noch außergewöhnlich werden zu wollen, ist töricht. Du musst dich entspannen und erkennen, dass du einmalig bist, dass du nicht erst einmalig zu werden brauchst. Wenn du Gold zu Gold machen willst, wird es dir nicht gelingen, weil… wie soll das denn gehen? Schließlich ist Gold von vornherein Gold; man kann zwar niedere Metalle in Gold verwandeln, aber man kann nicht Gold in Gold verwandeln.

Das ist eines der elementarsten Dinge, die verstanden werden wollen. Und jeder ist unglücklich auf Erden, weil jeder etwas erreichen möchte, was längst der Fall ist!

Und je mehr du dich abmühst, desto mehr wirst du scheitern; je mehr du scheiterst, desto mehr meinst du, du müsstest dir noch mehr Mühe geben. Je größer die Mühe, desto größer das Scheitern… und langsam und allmählich wird dein ganzes Leben zu einer einzigen Geschichte der Frustration und sonst nichts. Vergleiche sind nicht möglich. Niemand ist dir überlegen, und niemand ist dir unterlegen, weil du als Einziger bist wie du. Wie kann da also irgendwer überlegen oder unterlegen sein? Erst wenn du vergleichst, entsteht das Problem. Sobald sich bei dir das Vergleichen einschleicht, sitzt du in der Tinte. Dann wirst du kreuzunglücklich sein.

Und du fragst: *Warum kann ich dieses ewige Urteilen nicht lassen, das mich nur unglücklich macht?*

Es bringt Unglück, aber manchmal bringt es auch Freude – das ist das Problem. Es bringt Unglück, wenn du dich mit jemandem vergleichst und dich unterlegen fühlst. Es bringt Freude, wenn du dich mit jemandem vergleichst und dich überlegen fühlst. Es ist ein zweischneidiges Schwert. Du kannst es nicht wegwerfen, weil es nicht totales Unglück ist: es ist auch mit ein paar Augenblicken der Freude vermischt. Und du möchtest die paar wenigen Augenblicke nicht missen, ja, du lebst geradezu für diese paar Augenblicke. Und wegen dieser paar Augenblicke geht das Unglück weiter.

Du wirst verstehen müssen, dass der Stolz, den du spürst, wenn du dich selbst als überlegen siehst, die Kehrseite derselben Medaille ist, die dich jemandem unterlegen erscheinen lässt und dich demütigt. Diese beiden Seiten gehören zusammen. Du kannst die ganze Medaille wegwerfen, du kannst sie nicht zur Hälfte retten. Vergleiche bringen dir bisweilen großen Stolz, und du fühlst dich wunderbar.

Darum suchen die Leute gern die Gesellschaft unterlegener Leute. Die Leute meiden jeden, den sie für überlegen halten. Sie gesellen sich Leuten zu, die sie für unterlegen halten, weil sie dann obenauf sind und sich immerzu gut fühlen können. Aber die Sache ist auch sehr schwierig und kompliziert, denn jemand mag dir in einer Hinsicht unterlegen, aber in anderer Hinsicht überlegen sein. Jemand mag hässlich sein, und du magst ein hübsches Gesicht haben, also kannst du dich überlegen fühlen. Aber er ist vielleicht intelligenter, und du bist vielleicht strohdumm. Dann wird die Sache sehr kompliziert.

Ein Mensch ist vielerlei. Selbst wenn du allen überlegen bist, wird dir der eine oder andere einen Strich durch die Rechnung machen.

Napoleon war kein hochgewachsener Mann – nur einssechzig groß. An sich kein Problem! Ich finde nämlich überhaupt nichts dabei … Ich bin einssechzig und habe das nie als Problem empfunden. Meine Füße reichen genauso bis zum Boden wie die Füße von Leuten, die einsachtzig oder einsneunzig groß sind. Wo also ist das Problem? Wenn meine Füße nicht bis zum Boden reichen würden, dann gäbe es da ein Problem. Aber Napoleon hat sich sein Leben lang daran gestört.

Und natürlich gab es in der Armee größere Leute als ihn. Tatsächlich sucht sich die Armee ihre Leute nach Größe und Stärke aus. Napoleon wirkte wie ein Pygmäe vor seinen eigenen Soldaten. Und das verletzte ihn ständig. Eines Tages arrangierte er gerade etwas an seiner Zimmerwand, ein Kalender oder sonst was war verrutscht, und seine Hand reichte nicht bis zum Nagel. Sein Leibwächter sagte: „Wartet, Herr, ich bin größer als Ihr, ich kann das machen."

Und er sagte: „Wähle er seine Worte anders! Sag er nicht ‚größer', sag er ‚höher gewachsen'."

Eine große Wut überwältigte ihn. Napoleon hatte keine Angst vor Löwen, Tigern – er hätte mit einem Löwen kämpfen können –, aber vor Katzen hatte er Angst. Das Leben ist sehr kompliziert. Brachte man eine Katze, fing er an zu schwitzen, selbst wenn es kalt war. Er wurde dann immer ganz nervös. Im Alter von sechs Monaten war eine Wildkatze auf ihn gesprungen und hatte sich ihm auf die Brust gesetzt. Seit jener Zeit hatte man alles Mögliche versucht, aber nichts hatte ihm auch nur entfernt helfen können. Ja, man erzählt sich, dass an dem ersten Krieg, der ersten Schlacht, die er je verlor, Katzen schuld waren. Der englische General Wellington ließ siebzig Katzen vorneweg laufen … danach kam die Armee. Und kaum sah Napoleon die siebzig Katzen, geriet er außer sich. Den Sieg errang nicht Wellington – den Sieg errangen die Katzen. Nun, sogar einer Katze gegenüber fühlte er sich tief unterlegen!

Die bloße Idee, vergleichen zu müssen, erzeugt das Problem. Du bist einfach du. Da ist niemand überlegen und niemand unterlegen. Leute sind nicht vergleichbar, darum ist kein Vergleich möglich. Lass das Vergleichen. Und natürlich werden damit auch die paar Momente der Freude verschwinden, in denen du dich überlegen fühlst, aber mit ihnen werden auch Millionen andere Momente verschwinden, in denen du dich unglücklich fühlst. Und wenn sowohl deine sogenannte Freude des Stolzes als auch die Misere des Minderwertigkeitsgefühls weg sind, kommt Seligkeit auf.

Seligkeit ist weder Glück noch Unglück. Sie ist ein Zustand, der kommt, wenn alle Dualitäten fortgefallen sind.

Wenn kein Glück, kein Unglück mehr da ist … diese Stille, diese Heiterkeit, ist Glückseligkeit.

Johnny wartet auf seinen Drink an der Bar, da sieht er neben sich ein Pferd sitzen, wie es langsam sein Bier schlürft, vor seiner Nase einen ganzen Eimer voll Geld. Johnny, der seinen Augen nicht traut, fragt den Barmann, was das zu bedeuten habe.
Der Barmann erklärt ihm kühl: „Eine Wette. Wer das Pferd zum Lachen bringen kann, kriegt das ganze Geld. Wer's nicht schafft, muss zehn Dollar in den Eimer tun."
„Ach, kein Problem für mich!", sagt Johnny, lehnt sich sofort zum Pferd rüber und flüstert ihm was ins Ohr. Das Pferd fängt an zu wiehern vor Lachen, fällt vom Hocker und wälzt sich am Boden, mit den Beinen um sich schlagend vor Vergnügen.
Johnny nimmt das Geld und geht nach Hause. Am nächsten Tag, als er wieder seinen Drink bestellt, sieht er wieder das Pferd da sitzen, wieder mit einem dicken Eimer voll Geld.
„Diesmal", sagt der Barmann, „muss man das Pferd zum Weinen bringen."
„Ach, kein Problem für mich!", sagt Johnny.
Er führt das Pferd vor die Tür und kommt kurz darauf mit ihm zurück. Das Pferd heult Rotz und Wasser, offensichtlich ist sein Herz gebrochen, dicke Tränen rollen ihm über die Backen.
„Mann!", ruft der Barmann aus, „greif dir das Geld, aber erzähl mir, wie du das geschafft hast!"
„Ach", sagt Johnny, „ganz einfach. Das erste Mal hab ich ihm gesagt, dass ich von uns beiden den längeren

Schwanz hab. Und das zweite Mal hab ich's ihm bewiesen."

Ich bin Individualist und genieße es, auf eigenen Füßen zu stehen. Wenn ich tue, was sich gut anfühlt, und mir damit meinen Lebensunterhalt verdiene – füttere ich damit mein Ego? Wo ist die Grenze zwischen „Verantwortung für sich übernehmen“ und das „Ego füttern“?

Das Übernehmen von Verantwortung für dich selbst kennt keine Grenzen. Und diese Frage stellt sich – und nicht nur diese, sondern viele Fragen stellen sich – nur deswegen, weil ihr nur über sie nachdenkt und sie nicht eure existenziellen Erfahrungen sind. Wenn du Verantwortung für dich übernimmst, kannst du kein Egoist sein. Denn ein Egoist zu sein heißt einfach, dass du fest schläfst und keine Verantwortung übernehmen kannst. Verantwortung kommt mit Bewusstheit, Wachheit!

Du stellst eine intellektuelle Frage, so als würdest du fragen: „Wenn wir Licht ins Zimmer bringen, was machen wir dann mit der Dunkelheit? Wohin sollen wir sie werfen?“ Intellektuell ist das völlig richtig: „Im Zimmer herrscht Dunkelheit, und du sagst, ich soll Licht ins Zimmer bringen; also stellt sich die Frage: Wohin mit der Dunkelheit, wo soll man sie hinwerfen – und wie?“ Aber sie ist nicht existent. Versuche einfach, Licht hereinzubringen, und Dunkelheit ist kein Problem mehr – es wird keine Dunkelheit da sein. Verantwortung ist Wahrnehmung, Wachheit, Bewusstheit.

Ego ist einfach Unbewusstheit.

Beides kann nicht koexistieren. Je bewusster du wirst, desto mehr wächst du dem Licht entgegen. Und alles, was der Welt der Dunkelheit zugehört, beginnt sich aufzulösen.

Ego ist nichts als Dunkelheit.

Merke dir also eines: Versuche Fragen zu stellen, die existenziell sind. Intellektuelle Fragen mögen logisch aussehen, sind aber in Wirklichkeit absurd. Versuch es mit Verantwortung – und indem du verantwortlich wirst, wirst du auch bewusst und wach sein müssen. Indem du verantwortlich bleibst, wirst du das Licht erzeugen, das automatisch das Dunkel des Egos zerstreut.

Ist der Drang nach Kreativität auch nur wieder ein Ausdruck unserer Unfähigkeit, still zu sitzen und nichts zu tun?

Ihr werdet zwei Arten von Kreativität verstehen müssen. Die eine ist genau das, was du sagst – sie ist eine Flucht vor dem Unbehagen, nichts zu tun und nur still zu sitzen. Denn die ganze Welt besteht aus Workaholics, und die ganze Welt macht sich gegenseitig verrückt: „Tu dies! Tu das! Bloß keine Zeit verschwenden!"

Euer ganzer Verstand ist also auf Arbeit programmiert, auf Effizienz. Natürlich könnt ihr euch da nicht still hinsetzen, ihr müsst etwas tun. Das kann die Form von irgendetwas Kreativem annehmen: Musik, Poesie, Bildhauerei; aber das ist nicht wahre Kreativität.

Die wahre Kreativität kommt, wenn man still sitzt. Wenn man so vollkommen still ist, dass kein Gedanke, keine Welle auf dem Ozean deines Seins ist; aus dieser Stille entspringt eine ganz andere Art von Kreativität. Die erste kann ich nur Gestaltung nennen. Die zweite ist die authentische Kreativität. Sie sehen sich ähnlich. Manchmal ist der Gestalter vielleicht sogar besser als der Mensch von authentischer Kreativität, aber der Gestalter kann nie ursprünglich sein. Er kann nur nachahmen. Nur der schöpferische Mensch kann ursprünglich sein, kann neue Türen zum Mysterium der Existenz aufstoßen. George Gurdjieff ist tiefer auf diese Frage eingegangen; und die erste Art hat er „subjektive Kreativität" genannt; sie orientiert sich am Verstand. Die andere nannte er die „wirklich objektive Kreativität".

Aber auf den Namen kommt es nicht an, Hauptsache, er

kennt den Unterschied – dass zum Beispiel die Männer, die den Taj Mahal schufen, nicht bloß Architekten waren, sie waren nicht bloß technologisch bewandert.

Der Kaiser, der den Taj Mahal erbauen ließ, hatte die Sufis aus der ganzen Welt zusammengerufen – nicht die Architekten, sondern die Sufi-Mystiker –, um die Idee des Taj Mahal zu entwickeln. Er wurde zu dem Zweck geschaffen, ein Objekt der Meditation zu werden. Wenn du in einer Vollmondnacht ruhig beim Taj Mahal sitzt, wirst du allmählich ganz still. Allein die Form des Taj Mahal weckt eine ganz bestimmte Qualität in dir, ähnlich wie man es bei den Pyramiden festgestellt hat – nämlich, dass die bloße Form der Pyramiden lebenserhaltend wirkt. Sie wehrt alles ab, was lebensverneinend ist.

Als ganz am Anfang dieses Jahrhunderts die erste Pyramide geöffnet wurde, fand man dort eine tote Katze. Man traute seinen Augen nicht. Die Pyramide ist dreitausend Jahre alt, die Katze musste also schon vor dreitausend Jahren gestorben sein. Sie war wohl zufällig hineingeraten, als die Pyramide verschlossen wurde, und war dann nicht mehr rausgekommen. Aber der Körper der Katze war absolut frisch, so, als wäre sie eben erst gestorben. Kein übler Geruch … nach dreitausend Jahren.

Da fingen die Wissenschaftler an, die Form der Pyramiden zu studieren – es musste an der bloßen Form der Pyramiden liegen. Und jetzt gibt es Pyramiden für Meditierer, kleine Pyramiden aus Aluminium; man setzt sich hinein und fühlt sich plötzlich lebendiger, findet plötzlich mehr Stille. Wir werden hier neue Gelände schaffen, mit Gebäuden in Pyramidenform für die Meditierer.

Selbst Leute, die in einer Pyramide wohnen, finden es verjüngend. Die Wissenschaftler konnten es nicht glauben;

sie selbst stellten fest, dass sie sich innerhalb der Pyramide viel lebendiger fühlten als außerhalb. Irgendetwas geschieht da; es ist einfach die Form der Pyramide.

Die Pyramiden wurden von ägyptischen Mystikern geschaffen, nach Angaben uralter Schriften aus dem Kontinent Atlantis, der versunken ist, entweder durch eine Naturkatastrophe oder durch die Dummheit der Menschen. Aber in Alexandrien, in Ägypten, hatte man alles Wertvolle aus den verlorenen Kontinenten Lemuria und Atlantis gerettet. Die Bibliothek Alexandriens war groß – wahrscheinlich die größte Bibliothek der Welt, dass Khalif Omar, der Muslim, sie niederbrannte.

Die idiotische Logik dabei ist leicht zu erkennen: Den heiligen Koran in der einen Hand und eine brennende Fackel in der anderen, so betrat Khalif Omar die Bibliothek und fragte den Vorsteher der Bibliothek: „Du musst mir eine Frage beantworten, und von dieser Frage hängt die Existenz deiner Bibliothek ab: Gibt es in deiner Bibliothek Dinge, die nicht im Koran geschrieben stehen?“

Der Bibliothekar durchschaute die Strategie. Wenn er Ja sagte, dann war die Vernichtung der Bibliothek völlig sicher – denn außer dem Koran braucht man nichts; der genügt. Wenn er aber sagte… und genau das sagte er dann auch – denn er war ein sehr intelligenter Mensch, der ganz genau wusste, dass die Bibliothek unendlich viel mehr enthielt als den Koran.

Er sagte: „Alles, was im Koran in kondensierter Form steht, ist in der Bibliothek zu haben. Es ist das Gleiche.“

Wenngleich er auch versuchte mit dieser Antwort die großartige Bibliothek zu retten, so erkannte er die Mentalität des Fanatikers nicht.

Omar sagte: „Wenn es das Gleiche ist, dann brauchen

wir's nicht, dann genügt der Koran. Was sollen so viele Bücher?"

Und die Bibliothek war so riesig, dass der Brand, den Omar legte, sechs Monate brauchte, um die Bibliothek zu vernichten. Sie hatte alle Pläne der Pyramiden und die Begründungen, warum diese spezielle Form alles Leben verjüngt. Die Pyramiden kann man authentisch kreativ nennen, aber unsere sogenannten Maler und unsere sogenannten Musiker haben keine Ahnung von Meditation. Ihre Kunst ist bloße Geschäftigkeit ohne Geschäft – nur um irgendetwas zu tun; denn die Gesellschaft akzeptiert es nicht, wenn ihr still sitzt.

Von frühester Kindheit an bekam ich von meinen Onkeln, meiner ganzen Verwandtschaft immer wieder zu hören: „Aus dir wird nichts, du sitzt immer nur da und tust nichts." Ich sagte: „Das ist genau das, wonach ich suche – nichts zu sein." Sie zuckten die Achseln; sie konnten nicht verstehen, was für ein Mensch das war, den das nicht beleidigte. Für sie ist es eine Demütigung, nichts zu sein; man muss doch etwas sein! Und ich sagte ihnen: „Ihr könnt mich damit nicht demütigen. Etwas zu sein, ist demütigend. Wieso etwas sein, wo man doch nichts sein kann – so unermesslich weit, so unendlich! „Etwas" ist eine Beschränkung."

Wenn also deine Kreativität aus deiner Stille, aus deinem Zen, aus deiner Meditation heraus kommt, dann ist sie authentisch, ursprünglich. Wenn sie nur als Beschäftigung kommt, weil du dich verloren fühlst, es nichts zu tun gibt – weil dir die Ferien zu lang werden, und du suchst dir also etwas zu tun... Aber das kommt nicht aus deiner Stille, sondern aus deinem wirren Kopf.

Ein Gemälde Picassos wurde für eine Million Dollar verkauft.
Die Frau, die es erwarb, bat den Kritiker zu untersuchen, ob es authentisch, ein Original, war oder eine Kopie.
Einer der Kritiker sagte: „Ich kann Ihnen versichern, dass es ein Original ist, denn ich war dabei." Er war ein Freund Picassos; er sagte: „Ich war dabei, als er dieses Bild malte. Sie können also ohne Zweifel davon ausgehen, dass es ein Original ist."
Aber die Frau war nicht zufrieden. Sie ging zu Picasso persönlich und sagte ihm: „Es spielt keine Rolle mehr, ich habe es schon gekauft. Ich möchte lediglich wissen, ob es ein Original ist."
Picasso schaute sich das Bild an, und dann sagte er etwas sehr Merkwürdiges. Der Kritiker war auch da, und die Frau, die mit Picasso lebte, war da, und als Picasso sagte: „Das ist kein Original", sagte diese Frau: „Ich habe mit meinen eigenen Augen gesehen, wie du es gemalt hast, und dieser Kritiker war auch dabei. Wie kannst du so etwas sagen – das soll kein Original sein?"
Er sagte: „Es stimmt, dass ich es gemalt habe, aber es ist kein Original. Das Gleiche Bild hatte ich vorher schon gemalt. Als ich mal nicht wusste, was ich tun sollte, habe ich das Gleiche Bild mehrmals gemalt; das Original hängt im Museum, in Paris. Ihr könnt hingehen und selber schauen; dies hier ist nur eine Kopie. Es spielt keine Rolle, wer die Kopie macht. Ich habe die Kopie gemacht; aber deshalb ist sie trotzdem kein Original. Eine Kopie ist eine Kopie, egal wer sie macht. Sie ist entstanden aus meiner Unfähigkeit, still zu sitzen; es ist nur eine Kopie. Aber das erste ist ein Original. Es

> ist aus der Stille meines Seins entstanden; ich hatte keine Ahnung, was ich tat. Als ich diese Kopie malte, wusste ich ganz genau, was ich tat. Sie ist ein Produkt meines Verstandes; das erste ist jenseits vom Verstand entstanden.“

Alles, was deiner Stille entspringt, hat Schönheit, hat Ehrlichkeit, hat Authentizität. Und alles, was dem Verstand entspringt, ist nichts weiter als eine Kopie. Dem Unwissenden mag es noch so schön erscheinen, aber etwas Kreatives kann man es nicht nennen.

Wenn ihr einmal in Agra wart, um den Taj Mahal zu sehen – am anderen Ufer des Yamuna finden sich die Grundsteine für einen zweiten Taj Mahal – nur die Grundsteine. Der gleiche Kaiser, der die Sufi-Mystiker den Taj Mahal erbauen ließ, dachte: „Es ist zu kostspielig, all diese Mystiker aus Persien und Arabien zu holen. Und jetzt, wo wir das Modell haben… “

Eintausend Künstler brauchten dreißig Jahre, um den Taj Mahal zu bauen. Er entließ sie und bat die Architekten, die in New Delhi zur Verfügung standen: „Jetzt, wo der Taj Mahal fertig ist, könnt ihr genau dasselbe am anderen Ufer noch einmal bauen.“

Der diesseitige Taj Mahal war als *Samadhi* für seine Frau bestimmt. Der Name Taj Mahal war vom Namen seiner Frau abgeleitet; ihr Name war Mumtaz Mahal. Den anderen wollte er für sich selbst bauen lassen. Der Architekt sagte: „Kein Problem. Wir können genau das Gleiche am anderen Ufer machen.“ Und sie schlugen vor: „Der erste ist aus weißem Marmor gebaut, wäre es da nicht ein guter Kontrast, den anderen aus schwarzem Marmor zu machen?“

Sie konnten ihn nicht fertigstellen, weil der Kaiser von seinem Sohn eingesperrt wurde, und der Sohn nicht das geringste Interesse daran hatte. So ist es dann bei den Grundsteinen geblieben. Aber selbst wenn sie ihn fertiggestellt hätten, wäre dieser Bau kein kreativer Akt gewesen, er wäre bloß eine technische Kopie des Originals geworden. Und dieser Fehler springt jedem sofort ins Auge.

Das innige Zusammenspiel zwischen dem weißen Marmor und dem Vollmond war ihnen entgangen. Schwarzer Marmor hat bei weitem nicht diese Schönheit bei Vollmond. Er kann dein Inneres nicht zum Leuchten bringen, er kann dich nicht aufwecken. Selbst wenn sie ihn also vollendet hätten, wäre dieser Bau nie authentisch und original gewesen.

Wenn du nichts zu tun hast – das ist der allerbeste Moment, um einfach nur zu sein. Tu nichts. Sei still. Tu nur dann etwas, wenn es nötig ist, gewisse Dinge zu tun. Viel Unsinniges entfällt so, und du hast viel mehr Energie, um das Innere zu erforschen.

*Logik ist das Oberfächlichste und
Überflüssigste, das es gibt.
Je tiefer man geht, desto mehr Poesie,
Mitgefühl und Verständnis
von Herz zu Herz tut sich auf.
Man gibt sich jede Mühe,
den anderen zu verstehen.
Wenn man dem Wesen des anderen
begegnen will, müssen alle Worte
verschwinden.
Zwei Wesen verbindet nur
gemeinsam empfundene Stille.*

Warum streben wir danach, perfekt zu sein?

Solange die Menschheit die Idee der Perfektion nicht auf-gibt, kann sie niemals geistig und seelisch gesund werden. Die bloße Vorstellung von Perfektion hat die ganze Menschheit in den Wahnsinn getrieben. Wer an Perfektion denkt, denkt an Ideologien, Ziele, Werte, an Soll und Darf-Nicht. Man muss einem bestimmten Schema entsprechen, und wenn man von diesem Schema abweicht, fühlt man sich total schuldig – als Sünder. Und das Ideal muss zwangsläufig so sein, dass es nicht zu erreichen ist. Wenn es zu schaffen ist, hat es für das Ego keinen besonderen Wert.

Das Wesentliche am perfektionistischen Ideal ist also seine Unerreichbarkeit; nur dann ist es erstrebenswert. Seht ihr den Widerspruch? Und dieser Widerspruch erzeugt eine Schizophrenie: Du versuchst das Unmögliche, von dem du genau weißt, dass es nicht passieren wird – es geht von Natur aus nicht. Wenn es ginge, dann wäre es nicht sonderlich perfekt, dann könnte es ja jeder nachmachen. Dann fällt nicht viel für das Ego ab: dein Ego hat nichts zu knacken, kann sich nicht daran messen. Das Ego braucht Unmögliches – und das Unmögliche wird von Natur aus nicht eintreten. Also bleiben nur zwei Alternativen: die eine ist, du beginnst dich schuldig zu fühlen. Wenn du unschuldig, naiv, intelligent bist, wirst du anfangen dich schuldig zu fühlen – und Schuldgefühle sind eine Art Krankheit.

Ich bin nicht hier, um euch irgendwelche Schuldgefühle zu machen. Meine ganze Anstrengung ist die, euch aus Schuldgefühlen herauszuhelfen. In dem Augenblick, wo ihr frei von Schuld seid, brecht ihr in Jubel aus. Und die Wurzel aller Schuld ist die Vorstellung von Perfektion.

Die zweite Alternative ist: Wenn du berechnend wirst, wirst du zum Heuchler, wirst du so tun, als hättest du es geschafft. Du wirst anderen etwas vormachen, und du wirst sogar versuchen, dir selbst etwas vorzumachen. Dann lebst du in Illusion, in Wahnvorstellungen, und das ist sehr unheilig, sehr unreligiös, sehr unbekömmlich.

Etwas vorzutäuschen, ein Leben voller Täuschungsmanöver zu führen, ist noch weit schlimmer als ein Leben in Schuldgefühlen. Ein schuldbewusster Mensch ist zumindest einfach, aber der Täuscher, der Heuchler, der Heilige, der sogenannte Weise, der Mahatma, ist ein Verbrecher. Er ist bis in die Wurzel unmenschlich – unmenschlich gegen sich, weil er verdrängt; nur so kann man etwas vortäuschen. Alles, was er in sich entdeckt, das gegen sein Ideal verstößt, muss verdrängt werden. Er wird innerlich kochen, er wird schäumen vor Wut und Ärger. Seine Wut und sein Ärger werden sich auf tausend verschiedene Arten verraten. Auf ganz subtile Art, auf indirekte Art werden sie nach außen dringen.

Sogar Leute wie Jesus – nette, gute – stecken voller Wut und Ärger: und zwar gegen ganz unschuldige Dinge – nicht zu glauben. Jesus kommt, gefolgt von seinem Gefolge – diesem Haufen von Schafsköpfen, die man Apostel nennt. Er hat Hunger, der ganze Haufen hat Hunger. Sie kommen zu einem Feigenbaum, aber die Feigen sind noch nicht reif. Der Baum kann nichts dafür, aber Jesus wird so wütend, dass er den Baum beschimpft; er verflucht den Feigenbaum. Nun, wie ist so etwas möglich? Einerseits sagt er: „Liebe deine Feinde wie dich selbst."

Andererseits kann er nicht einmal dem Feigenbaum

verzeihen, dass er keine Früchte trägt, weil es nicht die Jahreszeit dafür ist.

Diese Dichotomie, diese Schizophrenie beherrscht die Menschheit seit Tausenden von Jahren. Er sagt: „Gott ist die Liebe“, aber trotzdem bringt Gott eine Hölle zustande. Wenn Gott die Liebe ist, dann müsste als Erstes die Hölle abgeschafft werden; die Hölle sollte auf der Stelle verbrannt und entfernt werden. Die Idee einer Hölle kann nur ein sehr eifersüchtiger Gott haben. Aber Jesus wurde als Jude geboren, lebte als Jude und starb als Jude. Er war kein Christ, er hat das Wort „Christ“ nie gehört. Und die jüdische Vorstellung von Gott ist keine besonders schöne Vorstellung.

Im Talmud steht – Gott erklärt es in eigenen Worten: „Ich bin ein eifernder Gott, sehr eifersüchtig. Ich bin nicht freundlich! Ich bin nicht euer Onkel!“ Ein solcher Gott muss zwangsläufig eine Hölle schaffen. Ja, sogar im Himmel mit einem solchen Gott zu leben – der nicht dein Onkel ist, der nicht freundlich ist, der eifersüchtig ist – wäre die Hölle. Was soll schon paradiesisch daran sein, mit ihm zusammenzuwohnen? Die Luft wird von Despotismus und Diktatur verpestet sein – keine Freiheit, keine Liebe. Eifersucht und Liebe können nicht koexistieren. So haben gerade die sogenannten guten Menschen viel Elend über die Menschheit gebracht. Das tut weh, weil wir über diese Dinge noch nie nachgedacht haben. Wir haben uns nie die Mühe gemacht, unsere Vergangenheit auszugraben; und alle Ursachen unseres Unglücks liegen in der Vergangenheit.

Und merkt es euch gut: Eure Vergangenheit wird sehr viel stärker von Jesus, Mahavir, Konfuzius, Krishna, Rama, Buddha beherrscht als von Alexander dem

Großen, Julius Cäsar, Tamerlan, Dschingis Khan, Nadir Shah. Die Geschichtsbücher reden von diesen Leuten, aber sie sind nicht Teil eures Unterbewusstseins geworden. Sie mögen Teil der Geschichte sein, aber sie sind nicht Bestandteil eurer Persönlichkeit. Eure Persönlichkeit wird von den sogenannten guten Menschen geformt. Sicherlich, sie hatten ein paar gute Eigenschaften, aber unmittelbar nebenan war eine Kluft, und die kam aus der Idee der Perfektion.

Die Jains behaupten, Mahavir hätte nie geschwitzt. Wie könnte ein perfekter Mensch schwitzen? Ich kann schwitzen – ich bin nicht perfekt. Und im Sommer ist schwitzen so schön, dass ich es vorziehe, zu schwitzen, statt perfekt zu sein. Denn ein Mensch, der nicht schwitzt, hat einfach einen Plastikkörper, synthetisch, ohne Atem, ohne Poren. Der ganze Körper atmet, deshalb schwitzt man. Schwitzen ist ein natürlicher Vorgang, um die Körpertemperatur gleich zu halten. Nun, Mahavir muss innen höllisch gekocht haben. Wie will er es schaffen, seine Körpertemperatur konstant zu halten? Ohne Schwitzen geht es nicht, es ist unmöglich.

Die Jains sagen: Als Mahavir von einer Schlange in den Fuß gebissen wurde, floss nicht Blut, sondern Milch. Nun, Milch kann nur herauskommen, wenn Mahavirs Füße nicht Füße, sondern Brüste waren – und ein Mensch mit Brüsten an den Füßen gehört in den Zirkus!

Das also ist ihre Vorstellung von Perfektion: Ein perfekter Mensch kann so etwas Schmutziges wie Blut, so etwas Blutrünstiges wie Blut nicht haben; er ist voll Milch und Honig. Aber stellt es euch einmal vor: Ein Mensch voll Milch und Honig würde stinken! Die Milch würde sauer werden und der Honig würde massenweise Mücken und

Fliegen anziehen. Er wäre völlig mit Fliegen bedeckt! Mir gefällt diese Art Perfektion nicht.

Mahavir ist so perfekt, dass er nicht uriniert und keinen Stuhlgang hat. Solche Sachen machen nur Menschen, die nicht perfekt sind. Man kann sich Mahavir nicht auf dem Klo sitzend vorstellen – unmöglich. Aber was würde dann aus all seiner Scheiße? Dann wäre kein Mensch auf der Welt so voller Scheiße wie er!

Ich habe in medizinischen Fachblättern von einem Mann gelesen – der längste Fall von Verstopfung: achtzehn Monate. Aber diese Mediziner kennen Mahavir nicht. Das ist noch gar nichts – vierzig Jahre! Länger hat es noch kein Mensch geschafft, seine Eingeweide unter Kontrolle zu halten. Das ist wahres Yoga! Der bedeutendste Fall von Verstopfung in der ganzen Menschheitsgeschichte … und ich glaube nicht, dass ihn noch jemand übertreffen wird.

Solche albernen Vorstellungen werden nur aufrechterhalten, um die Menschen weiter leiden zu lassen. Wer solche Vorstellungen im Kopf hat, der fühlt sich bei allem schuldig. Du pisst, und schon fühlst du dich schuldig – was machst du da? Du sitzt auf dem Klo, und schon fällst du in die Hölle! Blut kommt aus deinem Körper – eine tiefe Demütigung.

Jesus geht über das Wasser, erweckt einen Freund von den Toten, aber er selbst überlebt nicht am Kreuz. Er will Blinde, Taubstumme heilen, aber kann keinen einzigen Dummkopf zur Erleuchtung bringen, kann keinem einzigen Schafskopf helfen aus seiner Dumpfheit herauszukommen, kann keinen einzigen Menschen retten, indem er ihm einen kräftigen Schlag auf den Kopf gibt und sagt: „Sieh doch, die Gans ist draußen!“

Ich bin sehr fehlbar, weil ich kein Neurotiker bin, weil ich kein Psychotiker bin, weil ich kein Perfektionist bin. Und ich liebe meine Unvollkommenheiten ...

Ich liebe diese Welt, weil sie nicht perfekt ist. Sie ist nicht perfekt, und gerade darum wächst sie. Wenn sie perfekt wäre, wäre sie tot. Wachstum ist nur möglich, wenn etwas nicht perfekt ist. Perfektion setzt einen Schlusspunkt, Perfektion ist der endgültige Tod. Dann gibt es keine Möglichkeit mehr, Grenzen zu überschreiten.

Ich möchte, dass ihr nie und nimmer vergesst: Ich bin nicht vollendet, das ganze Universum ist nicht vollendet. Meine Botschaft ist die, diese Unvollkommenheit zu lieben, über diese Unvollkommenheit zu jubeln.

Der Psychiater lehnte sich bequem in seinen Sessel zurück, legte die Fingerspitzen aneinander und versuchte, den Patienten zu besänftigen, der völlig verstört vor ihm stand.

„Aber lieber Freund, so beruhigen sie sich doch", drängte er ihn behutsam.

„Ich habe schon viel mehr Menschen von Fixierungen geheilt, die weitaus schwerwiegender waren als ihre. Lassen sie uns erst einmal schauen, ob ich ihr Problem recht verstanden habe. Sie sagen, dass sie in Situationen emotionaler Belastung glauben, sie wären ein Hund, präziser ausgedrückt: ein Foxterrier, ist das richtig so?"

„Ja, Doktor", murmelte der Patient, „ein kleiner Foxterrier, schwarz-braun gefleckt. Ach bitte, Doktor, versprechen sie mir doch, dass sie mir helfen. Wenn das so weitergeht, weiß ich nicht, was ich machen soll."

Der Doktor zeigte auf die Couch.

„Aber, aber", beschwichtigte er, „jetzt legen sie sich erst

einmal hin, und dann wollen wir sehen, ob wir ihrem Wahn nicht auf die Spur kommen."
„Aber Herr Doktor, das kann ich doch nicht!", sagte der Patient. „Ich darf doch nicht aufs Sofa."

Wenn sich erst einmal eine bestimmte Vorstellung in dir festgesetzt hat, wird sie nach und nach Wirklichkeit. Ein intelligenter Mensch wird begreifen, dass das Leben ein Abenteuer ist, ein ständiges Nachforschen: Versuch und Irrtum. Das ist gerade das Vergnügen, der wirkliche Saft des Lebens!

Ich möchte nicht, dass ihr vollkommen seid. Ich möchte euch so vollkommen unvollkommen wie nur möglich. Freut euch über eure Unvollkommenheiten. Freut euch gerade über eure Gewöhnlichkeit! Hütet euch vor sogenannten „Heiligen Vätern" – es sind alles nur scheinheilige Väter. Wenn ihr auf große Worte wie „Seine Heiligkeit" steht, dann nehmt den Titel „Seine Reine Gewöhnlichkeit" an, S. R. G., nicht S. H..

Ich predige Gewöhnlichkeit, ich erhebe keinen Anspruch auf Wunder, ich bin ein einfacher Mensch. Und ich möchte, dass auch ihr einfach werdet, sodass ihr diese beiden Extreme los seid: das Extrem der Schuld und das Extrem der Heuchelei – genau in der Mitte liegt das Gesunde.

Petrus spielt mit dem Erzengel Gabriel eine Partie Golf. Petrus macht den ersten Schlag, und der Ball geht direkt ins Loch. Gabriel ist dran, und auch er trifft schon mit dem ersten Schlag. Die nächste Runde geht genauso aus.

Petrus wirft einen nachdenklichen Blick auf Gabriel

und sagt dann: „Sag mal, was hältst du davon, wenn wir Golf spielen und die Wunder aus dem Spiel lassen?"

Ich bin nicht unfehlbar, und ich möchte auch nie unfehlbar sein, denn das ist Selbstmord. Ich möchte so viele Fehler wie möglich machen, und ich möchte weiter Fehler machen bis zu meinem letzten Atemzug, denn das heißt Leben. Wenn du noch im letzten Atemzug Fehler machst, dann hast du den Tod besiegt.

Ein Zen-Meister lag im Sterben …
Ich liebe die Art der Zen-Leute sehr, einfach weil sie ebenfalls das Gewöhnliche schätzen. Das ist das Schöne am Zen: Keine andere Religion konnte solche Gipfel der Gewöhnlichkeit erreichen.
Der Meister war sehr alt, um die achtzig. Er versammelte seine Schüler und sagte: „Nun, dies ist mein letzter Tag. Ich werde den heutigen Sonnenuntergang wohl nicht mehr sehen, und die Sonne steht schon tief. Ich habe euch alle zusammengerufen, damit ihr mir eine neue Art zu sterben vorschlagt."
Sie waren ein bisschen verwirrt und sagten: „Was meinst du mit „neue Art"?" Er sagte: „Die Menschen sterben im Bett, die Menschen sterben im Bad, die Menschen sterben auf diese und auf jene Art. Alles Mögliche ist schon dagewesen, und ich mache gerne alles auf eine neue Art, auf meine eigene Art. Habt ihr einen Vorschlag? Habt ihr schon einmal gehört, dass ein Mensch im Stehen starb?"
Sie schwiegen. Einer sagte: „Ja, ich habe von einem Zen-Meister gehört, der im Stehen starb."
Da sagte der Meister: „Dann geht das nicht. Habt ihr

schon gehört, dass jemand gestorben ist, während er mit den Füßen nach oben stand, auf dem Kopf, in *Sirshasan*, im Kopfstand?"

Alle sagten: „So etwas haben wir noch nie gehört, wir wären noch nicht einmal auf die Idee gekommen, dass ein Mensch sterben kann, während er auf dem Kopf steht."

Also sagte er: „Dann ist es das!"

Der alte Mann stellte sich auf den Kopf, und es wird berichtet, dass er allem Anschein nach tot war. Aber nun gab es ein großes Problem. Das Problem war, dass die Zen-Schüler nicht wussten, was sie jetzt mit dem alten Mann tun sollten. Sie wussten nicht, welches Ritual auf jemanden passt, der im Kopfstand stirbt. Was war zu tun? Sie wussten ganz genau, was mit einem Menschen zu geschehen hatte, der im Bett starb. Aber was sollte man mit diesem Mann anfangen. Und da stand er, tot, auf dem Kopf.

Jemand machte den Vorschlag: „Wir sollten schnell zu seiner Schwester rennen, sie wohnt nicht weit weg. Sie ist eine Nonne. Vielleicht hat sie einen Vorschlag. Und sie ist noch verrückter als dieser Alte."

So rannten sie los.

Die Schwester kam und fuhr ihren Bruder an: „Jetzt schau dir das an! Dein Leben lang hast du uns nichts als Scherereien gemacht. Stirb wenigstens friedlich, mach nicht so viel Wind. Und wieso machst du diese armen Schüler so verrückt? Steh auf und leg dich ins Bett!"

Der Alte lachte, stellte sich auf die Füße und legte sich ins Bett; dann sagte er: „Wer hat meine verrückte Schwester hergeholt? Nicht mal sterben lässt sie mich unkonventionell."

Aber er versicherte ihr: „Gut, wenn dir das besser gefällt . Es ist dein letzter Wunsch. Ich habe noch nie einen Wunsch von dir befolgt. Das ist das Mindeste, was ich für dich tun kann, ehe ich gehe.“
Aber die Frau blieb nicht, um ihn verscheiden zu sehen. Sie sagte: „Jetzt legst du dich einfach dort hin. Ich gehe jetzt. Und stirb in deinem Bett, wie es sich gehört. Keine Scherereien mehr!“ Und sie ging und der alte Mann starb im Bett – wie es sich gehört.

Und so sollte das ganze Leben gelebt werden. Ich bin kein Heiliger, ich bin kein Weiser. All diese Hokus-Pokus-Wörter treffen nicht auf mich zu. Ich bin sicher ein bisschen verrückt, aber gerade weil ich verrückt bin, könnt ihr euch auf mich verlassen! Verlasst euch nie auf Heilige, verlasst euch nie auf weise Männer – sie machen euch nur verrückt.

Freunde waren zu Besuch gekommen, ein guter Grund für die Clique, gemütlich zusammen Tee zu trinken. Die Luft füllte sich mit aromatischem Rauch, als der Joint zu kreisen begann. Auf einmal donnerte es an die Tür, und eine laute Stimme rief: „Aufmachen, Polizei!“
Die Raucher suchten verzweifelt nach einem Versteck für den qualmenden Joint. Sie stopften ihn in die Kuckucksuhr. Die Polizei kam, durchsuchte alles, fand aber nichts und ging. Die Runde atmete erleichtert auf. Eben wollten sie die Kuckucksuhr wieder öffnen, als der Zeiger auf fünf Uhr morgens rückte.
Die kleine Holztür klappte auf, der Kuckuck streckte seinen Kopf heraus und sagte: „Hey Freunde, könnt ihr mir sagen, wie spät es ist?“

Was die Menschheit heute am dringendsten braucht ist, dass ihr die Augen darüber geöffnet werden, wie sehr sie von der Vergangenheit betrogen wurde, dass es keinen Sinn macht, die Vergangenheit fortzusetzen, dass das Selbstmord wäre–, dass absolut und schleunigst eine neue Menschheit gebraucht wird und die neue Menschheit keine Gesellschaft im alten Sinne wird, wo der Einzelne nur Teil von ihr ist.

Die neue Gesellschaft wird eine Zusammenkunft von Individuen sein, wo der Einzelne Herr ist, und die Gesellschaft dazu da, ihm zu dienen. Das wird viele verschiedene Aspekte haben. Es wird nicht so viele Religionen geben, sondern nur ein religiöses Bewusstsein. Es wird keinen despotischen Schöpfergott geben, denn das hieße die Unterwerfung des Menschen. Dafür wird es Göttlichkeit geben – als die Eigenschaft endgültigen Erlangens, als die Qualität von Erleuchtung. „Gott" wird sich überall sehen lassen – in allem, in jedem Wesen.

Das Individuum wird erstmalig unprogrammiert sein. Ihm wird geholfen werden sich selbst zu leben. Es wird keine Ideale mitbekommen, keine Disziplin, kein festes Muster. Es wird nur eine ungeheure Freiheitsliebe mitbekommen, sodass es zwar alles andere opfern kann, sogar sein eigenes Leben, nur seine Freiheit nicht.

Das neue Individuum wird nicht repressiv sein, es wird natürlich sein, ohne Hemmungen, alles zum Ausdruck bringend, was zu ihm gehört. So wie sich Blumen in verschiedenen Farben, in verschiedenen Düften zum Ausdruck bringen, wird es auch jedes Individuum tun.

Das neue Individuum wird nicht die falsche Vorstellung haben, dass alle Menschen gleich sind. Sie sind es nicht – sie sind einmalig, was ein weit höherer Begriff ist als Gleichheit. Obwohl die neuen Individuen nicht gleich sein werden, werden sie die gleiche Chance haben, alles in ihnen Angelegte zur Entfaltung zu bringen, egal was es ist.

Es wird keine Ehe geben. Liebe wird das einzige Gesetz sein. Kinder werden zur Kommune gehören, und nur die Kommune wird entscheiden, wer fähig ist eine Mutter zu sein und wer fähig ist ein Vater zu sein. Es darf nicht dem Zufall – und Unfall – überlassen bleiben. Und maßgeblich wird sein, wie es um die Erdbevölkerung steht.

Die neue Menschheit wird eine Ökologie haben, in der die Natur nicht dazu da ist, erobert, sondern gelebt und geliebt zu werden. Wir sind Teil von ihr – wie können wir sie erobern? Es wird nicht nach Rassen, Nationen, Hautfarben, Kasten unterschieden werden – es wird keine Nationen geben, keine Staaten. Es wird nur eine funktionale Weltregierung geben. Der Neue Mensch ist eine absolute Notwendigkeit. Der Alte ist tot oder stirbt … kann nicht mehr lange leben. Und wenn es uns nicht gelingt, ein neues Menschenwesen hervorzubringen, dann wird die Menschheit von der Erde verschwinden.

Liebe tut weh, weil sie den Weg zur Glückseligkeit ebnet. Liebe tut weh, weil sie dein Wesen von Grund auf verwandelt; es ist eine Mutation. Jede radikale Wandlung ist schmerzhaft, weil das Alte dem Neuen Platz machen muss. Das Alte ist vertraut, bekannt, sicher, während das Neue vollkommen unbekannt ist. Man begibt sich in unbefahrene Gewässer. Man kann seinen Verstand nicht gebrauchen, wenn man etwas Neuem gegenübertritt; nur im Umgang mit dem Alten kennt sich der Verstand aus. Der Verstand kann nur im Altbekannten funktionieren; bei allem Neuen ist er absolut unbrauchbar.

Darum kommt Angst auf, wenn man die alte, bequeme, sichere Welt, die Welt bürgerlicher Annehmlichkeiten hinter sich lässt, damit beginnt der Schmerz. Den gleichen Schmerz empfindet ein Kind beim Verlassen des Mutterleibes; den gleichen Schmerz empfindet ein Vogel, wenn er aus dem Ei schlüpft. Den gleichen Schmerz empfindet ein Vogel, wenn er zum ersten Mal seine Flügel ausbreiten und das Nest verlassen muss.

Die Angst vor dem Unbekannten steht gegen die Sicherheit des Altbekannten. Die Unsicherheit, die Unvorhersehbarkeit des Unbekannten macht einem Angst. Und da es bei der Liebe um eine Wandlung vom „Selbst" zu einem Zustand der Selbstlosigkeit, der Egolosigkeit geht, ist das Leid ungeheuer groß. Aber man kann Ekstase nicht erfahren, ohne durch tiefstes Leid zu gehen. Wenn Gold geläutert werden soll, muss es im Feuer brennen. Liebe ist Feuer.

Millionen von Menschen ziehen ein liebloses Leben vor, weil Liebe mit Schmerzen verbunden ist. Auch sie müssen leiden, aber ihr Leiden ist vergeblich. Um der Liebe willen zu leiden ist kein vergebliches Leiden. Aus Liebe zu leiden ist schöpferisch, denn es führt zu höheren Dimensionen des Bewusstseins. Ohne Liebe zu leiden, ist absolute Energieverschwendung und führt nirgends hin; es hält dich nur weiter im selben Teufelskreis gefangen.

Ein Mensch ohne Liebe ist abgekapselt, narzistisch. Er kennt nur sich selbst – und inwieweit kann er sich selbst kennen, wenn er den anderen nicht kennengelernt hat? Denn nur der andere kann ihm einen Spiegel vorhalten. Ohne den anderen zu erkennen, kannst du dich niemals selbst erkennen. Liebe ist also eine grundsätzliche Voraussetzung auch für Selbsterkenntnis. Ein Mensch, der niemals einen anderen in tiefer Liebe, in intensiver Leidenschaft, in überwältigender Ekstase erfahren hat, kann nicht wissen, wer er selbst ist, weil er keinen Spiegel hat, in dem er sein eigenes Bild betrachten kann.

Beziehungen sind Spiegel – und je reiner die Liebe, je höher die Ebene, desto getreulicher und klarer die Widerspiegelung. Aber Liebe auf höherer Ebene verlangt deine Offenheit, verlangt, dass du verletzbar bist. Du musst deinen Schutzpanzer ablegen, und das tut weh. Du darfst nicht ständig auf der Hut sein; du musst alles berechnende Denken aufgeben und Risiken eingehen. Du musst gefährlich leben. Der andere kann dir wehtun – das ist die Angst, wenn du deine Verletzlichkeit zeigst. Der andere kann dich zurückweisen – das ist die Angst, die Liebe mit sich bringt.

Das Spiegelbild deines eigenen Wesens, das der andere respektiert, kann hässlich aussehen – das ist die Angst – und so vermeidest du, in den Spiegel zu sehen. Aber indem du einen Bogen um den Spiegel machst, wirst du noch nicht schön; dadurch, dass du die Situation vermeidest, wirst du nicht reifer. Du musst die Herausforderung annehmen.

Man muss sich der Liebe stellen; das ist der erste Schritt in Richtung Gott, und man kommt nicht darum herum. Leute, die versuchen, den Schritt in die Liebe zu vermeiden, gelangen nie zu Gott. Dieser Schritt ist unerlässlich, denn du wirst dir deiner Totalität nur bewusst, wenn du von der Gegenwart des anderen dazu provoziert wirst, wenn dein Wesen vom Wesen des anderen bereichert wird, wenn du dich aus deinem abgeschlossenen, selbstgenügsamen Schneckenhaus unter den freien Himmel locken lässt.

Liebe ist ein freier Himmel. Lieben bedeutet, die Flügel auszubreiten ... Aber es ist ganz natürlich, dass der freie Himmel Furcht erregt.

Und es ist ungeheuer schmerzhaft, sein Ego aufzugeben, denn man hat uns dazu erzogen, unser Ego so groß und stark wie möglich zu machen. Wir denken, das Ego sei unser größter und einziger Schatz. Wir haben es behütet, wir haben es verziert, wir haben es unermüdlich aufpoliert – und wenn dann die Liebe an unsere Türen klopft, wird es notwendig, das Ego beizulegen, sonst kann man nicht lieben – das tut natürlich weh. Es ist euer Lebenswerk, in das ihr alles investiert habt – in dieses hässliche Ego, in diese Vorstellung, dass „ich getrennt von der Schöpfung existiere."

Diese Vorstellung ist hässlich, weil sie nicht wahr ist. Es ist eine Täuschung, aber unsere Gesellschaft lebt aus der Vorstellung und baut auf ihr auf, dass jede Person eine einzelne Person ist und für nichts Größeres steht. In Wahrheit gibt es überhaupt keine Personen auf der Welt, sondern nur Vergegenwärtigungen von etwas Größerem. Du bist nicht, dich gibt es nicht als ein „Ich“, das getrennt vom Ganzen existiert. Du bist ein Teil des Ganzen. Das Ganze lebt dich, atmet in dir, pulsiert in dir. Das Ganze ist dein Leben.

Durch Liebe erfahrt ihr zum ersten Mal, was es bedeutet, im Einklang mit etwas anderem als eurem Ego zu sein. Durch Liebe lernt ihr zum ersten Mal, dass ihr mit jemandem harmonisch zusammenschwingen könnt, der nie eurem Ego angehört hat. Und wenn ihr in harmonischem Einklang mit einer Frau, einem Mann, mit einem Freund sein könnt, wenn ihr mit eurem Kinde, eurer Mutter in Harmonie sein könnt, warum nicht mit allen menschlichen Wesen?

Wenn die Harmonie mit einer einzigen Person euch schon so glücklich macht, wie viel Glück werdet ihr erst erfahren, wenn ihr in Harmonie mit allen menschlichen Wesen lebt? Und wenn ihr in Harmonie mit allen menschlichen Wesen leben könnt, warum nicht auch mit den Tieren, den Vögeln und Bäumen? Dann ergibt sich ein Schritt aus dem anderen.

Liebe ist eine Himmelsleiter, die mit einem einzelnen Menschen beginnt und mit der Gesamtheit endet. Liebe ist der Anfang, Gott ist das Ende. Vor der Liebe Angst zu haben, sich vor den Wachstumsschmerzen der Liebe zu fürchten, bedeutet, sich in einer dunklen Zelle abzuschließen. Es gibt Probleme, die bedeutungslos sind, die euch nirgends hinführen, die euch nur gefangen halten, die euch einfach in eurer alten Misere belassen, und es gibt Probleme, die kreativ sind, weil sie euch zu einem höheren Bewusstsein führen.

Liebe schafft Probleme. Ihr könnt sie vermeiden, indem

ihr der Liebe aus dem Weg geht, aber diese Probleme haben eine sehr wesentliche Bedeutung; man muss ihnen ins Auge sehen, sich ihnen stellen. Man muss sie durchleben, hindurchgehen und darüber hinausgehen. Und der Weg darüberhinaus führt nun einmal hindurch. Liebe ist das einzig Lohnenswerte im Leben, alles andere ist nebensächlich. Wenn es der Liebe dient, dann gut – aber alles andere ist nur ein Mittel, die Liebe ist der Zweck. Darum liebt, egal wie weh es tut.

Wenn ihr euch nicht auf die Liebe einlasst – wozu viele Menschen sich entschlossen haben –, bleibt ihr stecken. Dann ist euer Leben keine Pilgerfahrt, kein Fluss, der zum Ozean fließt. Dann wird euer Leben zum stehenden Wasser, zur Pfütze, und bald bleibt nichts als Schmutz und Schlamm übrig. Um sauber, klar zu bleiben, muss man weiterfließen. Ein Fluss bleibt rein, weil er immer weiterfließt. Dieses Fließen ist es, was einen unaufhörlich jung und unberührt erhält.

Ein Liebender bleibt jungfräulich – alle Liebenden sind unberührt. Lieblose Menschen können nicht jungfräulich bleiben, ihr Wesen bleibt verschlossen, stagniert und fault: Früher oder später fangen sie an zu stinken – und zwar eher früher als später –, weil ihr Weg nirgendwo hinführt, ihr Leben ist abgestorben. An diesem Punkt befindet sich der moderne Mensch. Und deshalb greifen alle möglichen Neurosen um sich. Wahnsinn in jeder Form breitet sich aus, psychische Krankheiten haben epidemische Ausmaße angenommen.

Nicht mehr nur Einzelne sind seelisch krank, es ist tatsächlich so, dass die ganze Erde ein einziges Irrenhaus geworden ist. Die gesamte Menschheit leidet unter neurotischen Störungen.

Du brauchst dich gar nicht mit Gift umzubringen oder von einer Klippe zu springen oder dir eine Kugel durch den Kopf zu jagen – du kannst einen Selbstmord begehen, der sich über lange Zeit erstreckt. Das ist es, was geschieht. Nur wenige Menschen begehen Selbstmord auf die plötzliche Art, die meisten haben sich für die langsame Art entschieden. Ganz allmählich, nach und nach sterben sie ab. Aber die Tendenz, Selbstmord zu begehen, ist schon fast zu einer globalen Erscheinung geworden.

Das ist keine Art zu leben, und der Grund dafür, der tiefste Beweggrund dafür, ist die Tatsache, dass wir vergessen haben, die Sprache der Liebe zu sprechen. Wir sind nicht mehr mutig genug, uns auf das Abenteuer, das Liebe heißt, einzulassen. Daher das übermäßige Interesse der Leute am Sex, denn beim Sex geht man kein Risiko ein. Es ist eine momentane Angelegenheit, man zeigt keine weitere Anteilnahme. Liebe bedeutet Anteilnahme, Liebe bedeutet Bindung.

Liebe ist nicht kurzlebig und flüchtig; wenn sie einmal Wurzeln gefasst hat, kann sie für immer sein. Sie kann zu einer lebenslangen Bindung werden. Liebe verlangt Vertrautheit, und nur wenn man sich zutiefst mit dem anderen vertraut macht, wird er zum Spiegel. Wenn du einer Frau oder einem Mann auf sexueller Ebene begegnest, seid ihr euch überhaupt nicht begegnet – im Gegenteil, du hast die Seele des anderen vermieden. Du hast nur seinen Körper benutzt und dann die Flucht ergriffen, und der andere hat deinen Körper benutzt und ist davongerannt. Ihr werdet nie so intim miteinander, dass sich eure ursprünglichen Gesichter offenbaren.

Liebe ist das größte Zen-Rätsel. Sie verursacht Schmerzen, aber geht ihr deshalb nicht aus dem Weg. Wenn ihr die Liebe umgeht, habt ihr die wichtigste Gelegenheit, seelisch zu wachsen, umgangen. Lasst euch darauf ein, erleidet die Schmerzen der Liebe, denn dadurch erfahrt ihr irgendwann auch die höchste Ekstase. Ja, sie schafft Leiden und Qualen, aber aus diesen Qualen wird Ekstase geboren. Ja, du wirst sterben müssen, sterben als ein Ego, aber wenn du als ein Ego sterben kannst, wirst du als ein Gott, ein Buddha wiedergeboren. Liebe gibt deiner Zunge den ersten Vorgeschmack auf das Tao, auf Sufismus, auf Zen. Liebe beweist dir zum ersten Mal, dass Gott ist, dass das Leben nicht sinnlos ist.

Menschen, die das Leben sinnlos nennen, sind Menschen, die keine Liebe erfahren haben; damit sagen sie nur, dass sie die Liebe im Leben versäumt haben.

Nimm die Schmerzen und den Liebeskummer in Kauf. Geh durch die dunkle Nacht – und du wirst einen herrlichen Sonnenaufgang erleben. Nur aus dem Schoß der dunklen Nacht bricht am Ende die Sonne hervor. Nur nach einer tiefen Nacht kann es Morgen werden.

Meine einzige Devise heißt Liebe. Ich lehre die Liebe, und nur die Liebe allein, und sonst gar nichts. Ihr könnt Gott völlig vergessen, das ist bloß ein leeres Wort. Ihr könnt eure Gebete vergessen, denn sie sind nichts weiter als Rituale, die euch von anderen beigebracht wurden. Liebe ist ein natürliches Gebet, das kein Mensch euch beigebracht hat, sie ist euch angeboren.

Liebe ist der wahre Gott. Nicht der Gott der Theologen, sondern der Gott eines Menschen wie Buddha, wie Jesus, wie Mohammed– der Gott der Sufis. Liebe ist eine *Tarika*, eine Methode, dich als abgespaltenes Einzelwesen zu töten, sodass du zum Unendlichen wirst; sodass du als ein Tautropfen verschwindest und zum Meer wirst.

Durch die Tür der Liebe wirst du gehen müssen – und es ist ganz natürlich, dass es wehtut, wenn man anfängt zu verdunsten, nachdem man so lange Zeit als ein Tautropfen gelebt hat. Es tut weh, weil man immer gedacht hat: „Ich bin soundso" und auf einmal löst sich alles auf.

Man glaubt, man stirbt ... Du bist es nicht, der stirbt. Eine Illusion stirbt. Du hast dich restlos mit dieser Illusion identifiziert, das ist wahr, aber Illusion bleibt Illusion. Nur wenn die Illusion verschwunden ist, kannst du erkennen, wer du bist, und diese Erkenntnis bringt dich auf den höchsten Gipfel der Freude, der Seligkeit, der Lebensliebe.

Ich möchte mich völlig und endgültig in der absoluten Liebe verlieren. Was soll ich tun?

Schon allein die Idee, völlig, endgültig und absolut verloren zu gehen, ist ein bisschen zu viel verlangt. Sei etwas menschlicher, strebe nicht nach dem Unmöglichen. Das Unmögliche hat die Menschen unnötig hysterisch gemacht, und seit ewigen Zeiten belasten wir uns mit unmöglichen Idealen. Wir haben diese Wörter gelernt und wiederholen sie jetzt immer wieder, wie die Papageien, ohne überhaupt ihre Bedeutung zu spüren.

Bleib Mensch, verlange nicht nach Perfektion, egal welcher Art, denn jede Art Perfektion ist neurotisch. Bleibe Mensch und akzeptiere all die Schwächen und Grenzen des Menschseins.

Warum solltest du dich völlig verlieren wollen? Wozu? Was hast du davon? Wenn du es schaffen könntest – wie gut, dass es nicht geht! Aber nehmen wir mal theoretisch an, es könnte gehen, würdest du mir bald anders kommen: „Jetzt fühle ich mich sehr einsam, völlig verloren, absolut verloren, endgültig verloren!" Du würdest dich danach sehnen, zurückzukommen, um dich noch ein bisschen an den Freuden des Lebens zu laben.

Es ist gut, zu schmelzen und sich aufzulösen, aber warum etwas Endgültiges machen? Wozu solche sinnlosen Worte ins Spiel bringen? Genügt es nicht, einen Moment lang zu schmelzen und danach wieder zu sich zu kommen? Dann kommt ein Rhythmus zustande: Du schmilzt, du genießt das Verschmelzen; dann gehst du wieder zurück.

Ein Rhythmus entsteht, und Rhythmen sind immer eine

Bereicherung. Wenn du einfach aufgelöst bist für immer, dann ist kein Rhythmus mehr da, keine Musik, kein Tanz. Es wäre in Wirklichkeit etwas Totes, nichts Lebendiges. Mir geht es nur darum, euch beizubringen, menschlich zu sein. Seit ewigen Zeiten wurde euch beigebracht, übermenschlich zu sein. Mir gefällt eure Menschlichkeit.

Für mich ist Menschlichkeit synonym mit Göttlichkeit. Es ist absolut schön, ab und zu verloren zu gehen und sich wiederzufinden, sodass man sich wieder verlieren kann. Stelle einen Rhythmus her aus Verlorengehen und Sich-Wiederfinden. Das Leben ist Musik, und Musik ist nur möglich, wenn beides weitergeht, sonst wird es monoton.

Ich kann dir nicht helfen, dich absolut, endgültig und völlig zu verlieren. Ich liebe den Augenblick, ich liebe die Unmittelbarkeit des Augenblicks.

Ich kann Worte wie „endgültig" nicht leiden. Das sind so abgehobene Wörter, sie enthalten nicht viel Sinn; es sind bombastische Wörter. „Das Absolute" hat keinerlei Bedeutung. Eine blühende Rose hat viel mehr Bedeutung, sie ist nicht absolut. Am Morgen wächst sie, am Abend ist sie verblüht ... Das ist ihre Schönheit, sie ist vergänglich. Sie ist ein Wunder! Die endgültige Rose ist synthetisch, aus Plastik; sie wird ewig da sein, aber weil sie nicht sterben kann, wird sie auch nicht lebendig sein.

Du musst lernen, dich zu verlieren und dann wieder zu dir zurückzukommen, und dann dich wieder zu verlieren – die Nähe der Liebe und die Entfernung. Jede Entfernung von der Liebe schafft die Sehnsucht nach Nähe. Wenn ihr zusammenklebt und euch nicht trennen könnt, wird euer Liebesleben zum Alptraum.

Meditiere über folgende Geschichte, es ist eine wunderschöne Parabel. Nur ich kann sagen, dass es eine Parabel ist:

Rosalie Mazzoli, geborene Adelstein, hatte einen Liliputaner geheiratet. Eine Zeit lang kamen sie gut miteinander aus, aber eines Tages erschien Rosalie vor dem Familienrichter und wollte vom kleinen Harry geschieden werden.

„Aber sie haben doch gewusst, Frau Mazzoli, dass ihr Gatte Liliputaner ist, als sie ihn heirateten", eröffnete der Richter. „Warum möchten sie ihn jetzt verlassen? Haben sie vorher nicht daran gedacht, welche Probleme eine solche Ehe mit sich bringt?"

„Oh, Euer Ehren", schluchzte Rosalie, „wie konnte ich das wissen? Alles klappt wunderbar, außer dem Sex."

„Sex?", echote der Richter, „was hat denn das mit Sex zu tun, dass er Liliputaner ist?"

„Nun", fuhr sie unter Tränen fort, „wenn wir Nase an Nase liegen, sind seine Zehen drin, wenn wir Fuß an Fuß liegen, ist seine Nase drin, und wenn er drin ist, verschwindet er ganz. Und dann, Euer Ehren, fühle ich mich sooo einsam."

Es ist nicht nötig, sich völlig, endgültig und absolut zu verlieren. Sei locker – geh ab und zu mal verloren, das ist gut. Verliere dich und finde dich immer wieder. Dies ist ein wunderbares Schauspiel, diese Existenz – sich verlieren und wiederfinden. Und vergiss Wörter wie „endgültig", „absolut", „vollkommen".

All diese Wörter sind Erfindungen der Philosophen. Das Leben ist unmittelbar, das Leben ist immer hier und jetzt. Und lebe es mit all den Schwächen eines menschlichen Wesens, mit all der Schwäche einer blühenden Rose, und du wirst die großartige Pracht des Augenblicks kennenlernen – nicht die der Ewigkeit.

Es ist immer jetzt, und es ist immer hier.

Verachte nicht das Augenblickliche. Freue dich daran, freue dich unbändig.

„Was ist deine Botschaft –
mal kurz und bündig?“

Buddhas letzte Botschaft an seine Jünger war: „Sei dir selbst ein Licht, das dich leitet.“

Meine Botschaft, mal kurz und bündig, ist: „Sei dir selbst ein Witz, der dich erheitert.“

Manchmal, wenn dunkle Seiten in mir hochkommen, erschreckt mich das wirklich. Ich kann sehr schwer akzeptieren, dass das nur der polare Gegensatz der hellen Seiten ist.

Das Wichtigste, was es zu verstehen gibt, ist, dass du nicht deine Gedanken bist – weder die hellen noch die dunklen. Wenn du dich mit dem schönen Teil identifizierst, dann ist es unmöglich, dich von dem hässlichen Teil zu distanzieren. Es sind zwei Seiten der gleichen Medaille. Du kannst sie ganz haben oder ganz wegwerfen, aber du kannst sie nicht teilen. Und die ganze Angst des Menschen rührt daher, dass er sich nur das aussuchen möchte, was schön und hell erscheint. Er möchte all die silbernen Wolkenränder haben, aber die dunklen Wolken auslassen. Nur weiß er nicht, dass es keine silbernen Ränder ohne dunkle Wolken geben kann. Die dunkle Wolke ist der Hintergrund – absolut notwendig, damit sich der Silberrand abheben kann.

Wählen ist Angst. Wählen heißt, dir das Leben schwermachen. Wahllos bleiben heißt: Die Gedanken sind da. Und sie haben eine dunkle Seite und sie haben eine helle Seite – na und? Was hat das mit dir zu tun? Warum solltest du dir Gedanken machen?

Sobald du nicht wählst, verschwindet alle Sorge. Ein großes Akzeptieren kommt auf, dass das Denken nun einmal so beschaffen ist, dass dies die Natur des Denkens ist – was aber nicht dein Problem ist, weil du das Denken nicht bist. Wenn du das Denken wärest, wäre ohnehin kein Problem dagewesen. Denn wer sollte dann noch wählen und wer ans Transzendieren denken? Und wer sollte es dann akzeptieren wollen und das Akzeptieren verstehen wollen?

Du existierst getrennt, absolut getrennt. Du bist nur ein Zeuge, und sonst gar nichts. Ein Beobachter – der sich leider mit allem identifiziert, was er als angenehm empfindet, und vergisst, dass das Unangenehme ihm auf dem Fuße folgt wie ein Schatten. Über die angenehme Seite machst du dir keine Sorgen – über die jubelst du. Die Sorgen kommen erst, wenn der polare Gegensatz sein Recht fordert – dann zerreißt es dich in Stücke.

Dabei hast du dir das selber eingebrockt. Indem du aus dem bloßen Zeugesein herausgefallen bist, hast du dich identifiziert. Die biblische Geschichte vom Sündenfall ist nur ein Märchen. Aber das hier ist der wirkliche Sündenfall: Der Fall aus dem Zeugesein in das Identifiziertsein mit etwas, der Verlust deines Zeugeseins.

Versuch's einfach ab und zu. Lass die Gedanken sein, was sie sind. Erinnere dich: Das bist du nicht. Und du wirst eine große Überraschung erleben. Je weniger identifiziert du bist, desto weniger mächtig werden die Gedanken, denn ihre Macht beziehen sie aus deiner Identifikation. Sie saugen dir das Blut aus. Aber wenn du anfängst, auf Abstand zu gehen, ihnen aus dem Wege zu gehen, fangen die Gedanken an zu schrumpfen.

An dem Tage, da du absolut unidentifiziert bist mit deinen Gedanken, und sei es auch nur einen Moment, findet die Offenbarung statt. Der Verstand stirbt einfach. Er, der so voll war, er, der ununterbrochen da war – tagein, tagaus war er da, im Wachen, im Schlafen –, plötzlich ist er nicht da! Du siehst dich überall um, und da ist Leere, da ist nichts. Und mit dem Verstand verschwindet das Selbst. Dann ist nur noch eine ganz eigene Bewusstheit da, ohne ein Ich darin. Allenfalls könnte man von einer Art „Binheit“ sprechen, nicht aber von „Ichheit“. Um noch genauer zu sein, ist es „Istigkeit“, denn selbst in „Binheit“ bleibt noch ein Schatten des Ich zurück. Im gleichen Augenblick, wo du seine „Istigkeit“ erkennst, ist es schon universell geworden. Mit dem Verschwinden des Verstandes verschwindet das Selbst. Und so viele Dinge verschwinden – lauter Dinge, die dir so wichtig waren, dir so lästig waren. Du hattest sie zu lösen versucht, und sie waren immer komplizierter geworden. Alles war ein Problem und eine Angst, und einen Ausweg schien es nicht zu geben.

Ich erinnere euch an die Geschichte „Die Gans ist raus!“, sie hat mit dem Verstand und eurer „Istigkeit“ zu tun. Der Meister trägt dem Jünger auf, über einen Koan zu meditieren: Eine kleine Gans wird in eine Flasche gesteckt und darin genährt und gemästet.

Die Gans wird immer größer und größer und füllt bald die ganze Flasche aus. Jetzt ist sie zu groß, sie passt nicht mehr durch den Flaschenhals, der Flaschenhals ist zu eng. Und der Koan ist, dass du die Gans rausholen musst, ohne die Flasche zu zerstören, ohne die Gans zu töten. Nun, da kommt der Verstand nicht mehr mit.

Was soll man machen? Die Gans ist zu groß; du kannst sie nicht rausholen, ohne die Flasche zu zerbrechen. Aber das darf nicht sein. Oder du kannst sie rausholen, indem du sie tötest – dann wäre es dir egal, ob sie lebend oder tot rauskommt. Auch das darf nicht sein.

Tagein, tagaus meditiert der Jünger, findet keinen Weg, überlegt in diese und jene Richtung, aber in Wirklichkeit gibt es keinen Weg. Müde, absolut erschöpft … und plötzlich die Offenbarung! Denn plötzlich begreift er, dass es dem Meister gar nicht um die Flasche oder die Gans gehen kann, sie müssen Symbole für etwas anderes sein. Die Flasche ist der Verstand, und du bist die Gans … und wenn du nur Zeuge bleibst, ist es möglich.

Auch wenn du gar nicht im Verstand drinsteckst, kannst du dich dennoch so mit ihm identifizieren, dass du anfängst zu glauben, drin zu sein! Er rennt zum Meister, um zu sagen, dass die Gans raus ist. Und der Meister sagt: „Du hast es begriffen. Jetzt lass sie raus! Sie ist nie drin gewesen."

Wenn du immerzu weiter mit der Gans und der Flasche kämpfst, gibt es keine Möglichkeit für dich, die Sache zu lösen. Erst die Erkenntnis, dass es ein Symbol für etwas anderes sein muss, dass der Meister es dir sonst gar nicht zur Aufgabe gemacht hätte … Aber Symbol wofür? Denn die ganze Funktion von Meister und Jünger, ihr ganzes Geschäft, dreht sich um Verstand und Bewusstheit!

Bewusstheit ist die Gans, die nicht in der Flasche des Verstandes steckt. Aber du glaubst, dass sie drin steckt, und fragst jeden, wie du sie rausholen kannst! Und es gibt auch noch Idioten, die dir mit Techniken helfen, wie du rauskommen kannst. Ich nenne sie Idioten, weil sie die Sache überhaupt nicht verstanden haben: Die Gans ist draußen. Sie war niemals drin. Somit stellt sich erst gar nicht die Frage, wie du sie rausholen kannst.

Der Verstand ist nur eine Prozession von Gedanken, die vor dir, auf der Leinwand deines Gehirns, abrollt. Du bist ein Beobachter, aber du fängst an, dich mit lauter wunderschönen Dingen zu identifizieren. Das sind Köder, und sobald du von diesen schönen Dingen umgarnt bist, haben dich auch schon die schlimmen Dinge in der Gewalt, weil der Verstand nicht ohne Dualität existieren kann. Bewusstheit kann nicht mit Dualität existieren, und der Verstand kann nicht ohne Dualität existieren.

Bewusstheit ist nicht-dual, Verstand ist dual.

Schau also einfach nur zu. Ich lehre euch keine Lösungen. Ich lehre euch die Lösung: Tritt einfach etwas zurück und beobachte. Schaff einen Abstand zwischen dir und deinen Gedanken, egal, ob sie nun gut, schön, köstlich sind, Dinge, die du gern etwas intensiver genießen möchtest, oder ob sie hässlich sind. Du hältst so weit wie möglich Abstand. Sieh es dir genauso an wie einen Film.

Aber die Leute identifizieren sich sogar mit Filmen. Ich habe ein paar gesehen, als ich noch jung war ... Ich habe schon lange keinen Film mehr gesehen. Aber ich habe Leute weinen sehen, von Tränen überströmt – und dabei passiert überhaupt nichts! Es ist gut, dass es in einem Kino dunkel ist, das schützt sie vor Peinlichkeiten.

Ich fragte damals meinen Vater: „Hast du gesehen? Der Mann neben dir hat geweint!“

Er sagte: „Das ganze Kino hat geweint. Kein Wunder, bei der Szene ...“

„Aber“, sagte ich, „da ist doch nur eine Leinwand und sonst nichts. Es wird niemand getötet, es findet keine Tragödie statt, es wird nur ein Film projiziert, es sind nur Bilder, die sich auf der Leinwand bewegen. Und die Leute lachen und die Leute weinen, und drei Stunden lang sind sie praktisch weg vom Fenster. Sie werden praktisch eins mit dem Film. Sie identifizieren sich mit irgendeiner Person ...“

Mein Vater sagte zu mir: „Wenn du Fragen stellst nach der Reaktion der Leute, dann kannst du den Film nicht genießen.“

Ich sagte: „Ich kann durchaus den Film genießen, aber ich will nicht weinen, ich sehe keinen Genuss darin. Ich kann es als Film sehen, aber ich will nicht eins damit werden. Diese Leute werden alle eins damit.“

Mein Großvater hatte einen alten Barbier, der opiumsüchtig war. Für Dinge, die in fünf Minuten erledigt sein konnten, brauchte er immer zwei Stunden, und er redete dabei unentwegt. Aber sie waren alte Freunde, von Kindheit an.

Ich sehe meinen Großvater noch vor mir, wie er auf dem Stuhl des alten Barbiers saß... und er konnte hinreißend reden. Diese Opiumsüchtigen haben auch ihre schöne Seite – die Art, wie sie reden, wie sie Geschichten erzählen über sich, was so alles von Tag zu Tag passiert. Das muss man ihnen lassen.

Mein Großvater sagte dann einfach nur: „Ja. Richtig. Großartig, das." Und eines Tages fragte ich ihn: „Alle naselang sagst du ‚Ja, richtig, großartig' , dabei redet er manchmal puren Unsinn, einfach Quatsch."

Er sagte: „Was willst du! Der Mann ist opiumsüchtig" – und in Indien benutzt man keine Rasierklingen, sondern was da als Rasierklingen dient, sind Dinger fast so lang wie fünfzehn Zentimeter lange Messer! „Was willst du, dass ich viel sage! Währenddessen ist mir dieser Mann, der ein Messer, ein scharfes Messer in der Hand hat, am Halse! Wenn ich Nein zu ihm sage, bringt er mich um! Und er weiß es. Manchmal fragt er mich: ‚Du sagst niemals Nein, du sagst immer Ja, du sagst immer großartig.' Und da hab ich ihm gesagt: ‚Du musst begreifen, dass du immer unter dem Einfluss von Opium stehst. Es ist unmöglich, sich mit dir zu unterhalten, mit dir zu diskutieren oder nicht einer Meinung mit dir zu sein. Du hältst mir ein Messer an den Hals, willst du, dass ich da irgendwas leugne?'"

Ich sagte: „Warum suchst du dir keinen anderen? Es gibt so viele andere Barbiere! Und dieser Mann braucht zwei Stunden für einen Fünf-Minuten-Job. Manchmal rasiert er dir nur den halben Bart ab und sagt: ‚Bin gleich zurück, bleib sitzen!' Und dann bleibt er eine Stunde lang weg, weil er sich mit irgendwem in eine Diskussion verwickelt und völlig vergisst, dass ein Kunde auf seinem Stuhl sitzt ... und dann kommt er zurück und sagt: ‚Mein Gott, sitzt du immer noch hier?'"

Und mein Großvater sagte dann: „Was soll ich machen? Ich kann doch nicht halbrasiert nach Hause gehen – mach das bitte zu Ende! Wo hast du gesteckt?"

Der Barbier sagte dann: „Ich hab mich so schön mit jemandem gestritten, dass ich dich völlig vergessen hab. Nur gut, dass der Kerl gehen musste, sonst hättest du den ganzen Tag hier gesessen. Und manchmal schließe ich nicht einmal den Laden ab, vergess einfach abzuschließen, und dann sitzt ein Kunde immer noch auf dem Stuhl – und ich schlaf schon! Und irgendwer muss ihm sagen: ‚Du kannst ruhig gehen. Der Mann wird sich nicht vor morgen früh wieder blicken lassen. Er ist zu Hause und schläft fest. Er hat vergessen, den Laden abzuschließen, und er hat dich vergessen.'"

Und wenn man wütend wurde ... Manchmal gerieten neue Leute in seinen Laden und wurden wütend. Dann sagte er immer: „Nur keine Aufregung. Du brauchst mich nicht zu bezahlen. Ich habe dich erst halb rasiert, du kannst gehen. Ich will mich nicht rumstreiten. Du brauchst mich nicht zu bezahlen, ich verlange nicht mal den halben Preis."

Aber niemand kann seinen Stuhl mit halbrasiertem Bart oder halbgeschorenem Kopf verlassen! Oder du bittest ihn, dir nur das Kinn zu rasieren, und er fängt an, dir den Kopf zu rasieren! Und ehe du dich versiehst, hat er's schon gemacht! Also fragt er dich: „Was willst du jetzt? Fast ein Viertel der Arbeit ist getan, wenn du es so lassen willst, kann ich's so lassen, ich kann's aber auch fertig machen. Aber ich verlange nichts dafür, denn wenn du sagst, dass du es gar nicht abgeschnitten haben wolltest, dann ist es mein Fehler, und ich habe die Strafe verdient: Ich werde dir kein Geld abknöpfen!"

Der Mann war gefährlich! Aber mein Großvater sagte immer: „Er ist gefährlich, aber er ist hinreißend, und ich bin so mit ihm identifiziert, dass ich mir nicht vorstellen kann, wie ich mich noch an einen anderen Barbier gewöhnen soll, wenn er vor mir stirbt. Ich kann's mir einfach nicht vorstellen; mein ganzes Leben lang ist er mein Barbier gewesen. Die Identifizierung ist so tief gegangen, dass ich lieber aufhöre, mich rasieren zu lassen, als mir einen andern Barbier zu nehmen."

Aber glücklicherweise starb mein Großvater vor dem Opium-Barbier.

Ihr identifiziert euch mit allem Möglichen. Die Leute identifizieren sich mit Personen und machen sich dann selber unglücklich. Sie identifizieren sich mit Objekten und werden dann unglücklich, wenn dieses spezifische Objekt fehlt. Identifikation ist die eigentliche Wurzel eures Unglücks. Und jede Identifikation ist eine Identifikation mit Gedanken.

Tritt einfach beiseite, lass die Gedanken vorbei. Und bald wirst du sehen können, dass es überhaupt kein Problem gibt: Die Gans ist draußen. Du brauchst die Flasche nicht zu zerschlagen, du brauchst nicht die Gans zu töten.

Mein ganzes Leben war eine einzige Hölle. Anscheinend ist etwas von Anfang an schiefgelaufen. Ich habe mich abgemüht, ein ehrliches, moralisches und religiöses Leben zu führen, aber von dem, was du Seligkeit nennst, habe ich noch nicht einmal einen Funken erlebt. Was stimmt nicht mit mir?

Der Weg, dem du gefolgt bist, ist der Weg der Verstellung. Das ist es, was mit dir nicht stimmt – du bist nicht authentisch. Du hast dir nicht erlaubt, du selbst zu sein; du bist ein Nachahmer. Was willst du damit sagen: … *Von Anfang an habe ich mich abgemüht, ein ehrliches, moralisches und religiöses Leben zu führen …* ?

Wie kannst du ein religiöses Leben führen? Du hast keinerlei Erfahrung von Gott. Dein religiöses Leben wird einfach nur hohl sein. Du wirst andere Leute nachahmen, die du für religiös hältst. Und wie willst du entscheiden, ob sie religiös sind oder nicht? Selbst das wird von der Gesellschaft entschieden.

Du sitzt in der Falle. Du hast gemäß der Herde gelebt, du hast gemäß der Masse gelebt, und Masse heißt: auf dem niedrigsten Bewusstheitsstand. Gemäß der Masse zu leben heißt, am Minimum zu leben. Und die Masse ist nicht an Gott interessiert. Ihre Moral ist eine gesellschaftliche Konvention – sie ist keine wirkliche Moral. Ihre Moral ist nur eine Art Öl im Getriebe; sie erleichtert den Menschen das Zusammenleben.

Die Ehrlichkeit der Moral ist nicht wahre Ehrlichkeit – kann es nicht sein. Du kennst das Sprichwort: „Ehrlich währt am längsten". Nun, allein der Gedanke, Ehrlichkeit sei eine Strategie, ist schon der Anfang von Unehrlichkeit. Ehrlichkeit ist keine Strategie, sie ist keine Politik. Ehrlichkeit heißt, dein Leben in Freiheit, in Aufrichtigkeit, nackt zu leben, nie unehrlich zu sein und sich nie zu verstellen – das ist Ehrlichkeit. Was immer die Konsequenzen sind – ob du gehasst oder geliebt wirst, ob du geachtet oder verachtet wirst, darauf kommt es nicht an. Ein ehrlicher Mensch ist einer, der in seiner absoluten Nacktheit lebt, so wie Gott ihn geschaffen hat. Er achtet sich selbst so sehr, dass er bereit ist, alles dafür zu riskieren.

Du sagst, dass du dich abgemüht hast. Die Ehrlichkeit muss dir also aufgezwungen worden sein, darum erschien sie dir wie eine Last. Sonst nämlich – ein wirklich ehrlicher Mensch empfindet das nie so. Was immer er für seine Ehrlichkeit opfern muss, das opfert er, aber es lohnt sich. Seine Freude ist ungeheuer, seine Seligkeit grenzenlos. Und je mehr er opfert, desto mehr nimmt seine Freude zu, desto mehr jubelt er.

Du sagst: *… habe ich mich abgemüht, ein ehrliches, moralisches und religiöses Leben zu führen.*

Ja, du musst es dir sehr schwer gemacht haben. Sehr asketisch! Du musst dich sehr abgemüht haben, einen gewissen Charakter zu kultivieren. Seligkeit stellt sich nie in kultivierten Charakteren ein. Kultivierte Charaktere sind hohl, unecht, aus Plastik – also kann ihnen keine Seligkeit widerfahren. Eine Plastikblume kann keinen Duft haben – nur eine echte Rose. Aber die echte Rose muss in der Erde wurzeln, die echte Rose muss all die Risiken eingehen, die das Echtsein mit sich bringt. Das Unechte ist sehr geschützt. Das Echte ist der Sonne und dem Wind und dem Regen ausgesetzt. Um echt zu sein, ist dieses Ausgesetztsein notwendig. Die Plastikblume braucht nicht dem Wind, dem Regen und der Sonne ausgesetzt zu sein, du kannst sie in deinem Zimmer behalten. Sie braucht keine Erde, sie braucht keine Wurzeln – sie braucht nichts, weil sie unecht ist. Und sie ist ewig. Die echte Rose kommt in der Morgensonne zur Welt und am Abend vergeht sie bereits. Die echte Rose beginnt am Abend zu fallen – ihre Blütenblätter fallen. Die wirkliche Rose lebt nur für den Augenblick, dann vergeht sie. Alles Wirkliche kennt Geburt und Tod. Alles Wirkliche lebt gefährlich.

Deine Moral, deine Ehrlichkeit, deine Religion waren nicht wirklich ein Weg der gefährlichen Lebensweise, sondern im Gegenteil, Verteidigungsmaßnahmen. Du hast dir ein sicheres, unangreifbares Leben gemacht. Und darum ist nichts passiert.

Lebe in Unsicherheit, wenn du wirklich leben willst, und lebe wahr. Und wenn ich sage, lebe wahr, meine ich damit nicht die Wahrheit, die von den Veden oder dem Koran oder der Bibel gepredigt wird – ich meine damit nur: Wahr sein heißt, du selbst zu sein, egal was du bist. Verstecke es nicht, täusche nichts vor.

Lass dich dem Regen und dem Wind und der Sonne ausgesetzt sein. Das ist gefährlich, aber genau in dieser Gefahr liegt Freude, und genau in dieser Gefahr stellt sich Seligkeit ein – der Duft der Rose. Du musst von der heiligen Schrift her gelebt haben; darum mühen sich Millionen von Menschen ab, ein moralisches, religiöses Leben zu führen, ohne je zu erfahren, was Seligkeit ist. Sie leben aus Büchern, sie versuchen nie, auf ihre eigene kleine, stille Stimme zu hören. Sie haben sich selber verraten, sie haben ihren Gott verraten.

Clemens kauft seinem zehnjährigen Sohn Harry ein neues Fahrrad in Einzelteilen. „Keine Angst, Harry," versichert er ihm, „ich hab das Fahrrad blitzschnell zusammengebaut."

Harry wartet geduldig, während Clemens sorgfältig alle Teile aus einem riesigen Karton herausholt.

„Hier ist die Anleitung", murmelt Clemens. „Nimm Rad A und bringe es zwischen Loch X und Z an. Dann nimm Bolzen B und stecke ihn durch Loch Y."

„Bist du sicher, dass du das schaffst, Papi?", fragt Harry, als er seinen Vater in Schweiß ausbrechen sieht.

„Ich war nicht umsonst Truppenmechaniker", gibt Clemens zurück.

Fünf Stunden später jubelt Clemens triumphierend: „Halleluja! Ich hab's geschafft!"

Harry will gleich losfahren.

„Papi, wie fährt man ein Rad rückwärts und auf dem Kopf?"

Wenn du dein Leben nach der Anleitung irgendeines Buches zurechtbastelst, kommst du in Schwierigkeiten. Richte dich nach deinem eigenen kleinen Licht. Genug Licht hast du mitbekommen, du hast es selbst mitgebracht. Du brauchst dich nicht nach Buddha, nach Mahavira, nach Krishna zu richten. Sie haben sich auch nach niemandem gerichtet, vergiss das nicht. Aber die Leute leben sehr töricht. Sie sind Nachahmer.

Nachdem Pythagoras gestorben war, verbreitete sich unter seinen Anhängern ein großer Aberglaube: dass man keine Bohnen essen dürfe. Bohnen? Arme Bohnen! Und seit Menschengedenken wundern sich die Leute, warum die Pythagoräer keine Bohnen essen. Pythagoras war ein

Vegetarier, aber Bohnen sind doch nicht unvegetarisch! Pythagoras tat völlig recht daran, nicht Fleisch und Fisch zu essen, aber warum Bohnen? In Wirklichkeit bekamen sie ihm nur nicht, das war der einzige Grund. Wann immer er Bohnen aß, bekam er Magenprobleme. Nun, Pythagoras litt jedes Mal, wenn er Bohnen aß, also hörte er auf damit – das ist völlig richtig! Er hat auf seine innere Stimme gehört. Ihm war es egal… er war in Indien gewesen, hatte die vegetarische Ernährung hier gelernt: Buddha hatte Bohnen gegessen, Mahavira auch, die großen Vegetarier! –, aber ihm war es egal, was die Vegetarier aßen. Er aß keine Bohnen, weil sie ihm nicht bekamen.

Aber seht euch die törichten Jünger an: Seit Menschengedenken haben sie keine Bohnen gegessen, und sie können nicht beantworten, warum. Sie denken: „Es muss ein Geheimnis dahinter stecken, das wir vergessen haben."

Pythagoras pflegte barfuß zu gehen. Es ist eine schöne Übung, um mit der Erde in Berührung zu sein. Mahavira ging auch immer so – barfuß. Wenn man auf weicher Erde geht, ist es das Beste, barfuß zu gehen, ohne Schuhe. Man hat guten Kontakt mit der Erde.

Wir sind Teil der Erde! Die eine Hälfte von uns gehört der Erde an, die andere Hälfte gehört dem Himmel an. Und wenn man in der frühen Morgensonne auf der feuchten Erde läuft, genießt man sowohl den Himmel als auch die Erde. Es war völlig richtig! Aber heute laufen die Jaina-Mönche auf den Teerstraßen barfuß. Heute ist das sehr gefährlich, schädlich, schädlich für das Nervensystem, vor allem für die Hirnzellen, es beeinträchtigt sie. Auf feuchter Erde zu laufen ist wunderbar für das Nervensystem – es tut ihm gut. Mahavira ging barfuß; das war völlig in Ordnung. Zarathustra ging barfuß – völlig in Ordnung. Pythagoras ging barfuß – völlig in Ordnung. Aber die Jaina-Mönche laufen immer noch in Bombay, in Delhi barfuß rum: Heute ist das Idiotie.

Vergesst nie: Jeder muss nach seinem eigenen Licht leben. Man darf den Meister nicht buchstäblich nachahmen. Man muss ihn verstehen. Du musst toten Regeln und Dogmen gefolgt sein. Und weil sie dir nie bekamen, hast du in dir eine große Widersprüchlichkeit kreiert. Und Widersprüchlichkeit zu kreieren heißt, sich die Hölle zu kreieren.

> Hans und Trudi fahren Tandem, und plötzlich geht's steil bergauf. Oben angekommen, steigt Hans ab und wirft sich ins Gras: „Herrgottsakra, war das ein harter Berg!"
> Darauf Trudi: „Ja, und wenn ich nicht mit allen Kräften gebremst hätte, wär'n wir rückwärts runtergerollt!"

Das ist die Lebensgeschichte von Abermillionen Menschen … Ihr macht euch den Berg unnötig schwer und hart. Die Bremsen sind angezogen – ihr kreiert einen Widerspruch in eurer Lebensenergie. Wann immer ihr jemandem aufs Wort folgt, werdet ihr einen Widerspruch erzeugen. Du kannst nur dein eigenes Selbst sein. Wenn du ein einheitliches Ganzes, eine Harmonie sein möchtest, dann versteh, aber ahme nie nach. Lerne, aber ahme nie nach.

Aber die Leute haben es immer so eilig, nachzuahmen. Warum wollen die Leute nachahmen? Weil es einfacher ist. Es gehört keine Intelligenz dazu. Jeder Idiot kann nachahmen. Ja, nur Idioten ahmen nach. Ein intelligenter Mensch lernt, versteht, und folgt seinem eigenen Licht, das aus seiner Einsicht kommt.

Gib deine sogenannte Moral und Ehrlichkeit und religiöse Lebensweise auf. Bitte gib's auf. Es ist noch nicht zu spät. Fang beim ABC an. Und wenn du hier bist, kann vieles passieren. Ich gebe dir die absolute Freiheit, du selbst zu sein. Ich helfe dir, diese Freiheit zu gewinnen.

Ich helfe dir nicht, einen Charakter zu kultivieren – ich helfe dir, ein Bewusstsein zu erzeugen. Und dann bringt dieses Bewusstsein seinen eigenen Charakter hervor. Aber dieser Charakter ist etwas Fließendes, er hat keine Starrheit.

Was soll man mit der Angst machen? Ich habe es wirklich satt, von ihr an der Nase herumgeführt zu werden. Kann man sie meistern oder töten?

Man kann sie nicht töten, man kann sie nicht meistern, man kann sie einzig und allein verstehen. Verstehen – das ist hier das Schlüsselwort. Und nur Verstehen führt zu Veränderungen, nichts sonst. Wenn du versuchst, deine Angst zu meistern, wird sie unterdrückt bleiben, wird sie tief in dich eindringen., wird es nicht helfen, es wird die Dinge nur komplizieren. Sie taucht auf, und du kannst sie zurückdrängen – genau das heißt meistern. Du kannst sie verdrängen, du kannst sie so tief verdrängen, dass sie völlig aus deinem Bewusstsein verschwindet. Dann wirst du ihrer nie mehr gewahr, aber sie wird im Keller vorhanden sein und wird ihren Sog ausüben. Sie wird dich gängeln, sie wird dich manipulieren, aber sie wird dich auf eine so indirekte Weise manipulieren, dass du dir dessen nicht bewusst wirst. Aber dann ist die Gefahr nur tiefer gerückt. Jetzt kannst du sie nicht einmal mehr verstehen.

Die Angst muss also nicht gemeistert werden. Sie muss nicht getötet werden. Sie kann auch gar nicht getötet werden, weil die Angst eine Art Energie enthält, und diese Energie nicht zerstört werden kann. Habt ihr schon gesehen, dass ihr in der Angst ungeheure Energie haben könnt? Genauso wie ihr es in der Wut haben könnt! Beide sind sie die zwei Seiten ein und desselben Energiephänomens. Wut ist aggressiv, und Angst ist nicht-aggressiv. Angst ist Wut in einem negativen Zustand; Wut ist Angst in einem positiven Zustand. Wenn ihr wütend seid – habt ihr nicht beobachtet, wie mächtig ihr werdet, was für enorme Energie ihr besitzt? Ihr könnt einen großen Felsblock werfen, wenn ihr wütend seid. Normalerweise könnt ihr nicht einmal an ihm rütteln. Ihr werdet dreifach, vierfach größer, wenn ihr wütend seid. Ihr bringt gewisse Dinge fertig, die ihr ohne Wut nicht tun könnt.

Oder aus Angst könnt ihr so schnell laufen, dass selbst ein Olympialäufer neidisch wird. Angst kreiert Energie, Angst ist Energie, und Energie kann nicht zerstört werden. Kein einziges Jota Energie kann aus der Existenz ausgelöscht werden. Das muss man sich ständig vor Augen halten, denn sonst wird man etwas falsch machen. Man kann nichts zerstören, man kann nur seine Form verändern. Man kann einen kleinen Kieselstein nicht zerstören; ein kleines Atom Sand kann nicht zerstört werden, es wird lediglich seine Form verändern. Man kann einen Tropfen Wasser nicht zerstören. Man kann es zu Eis umwandeln, man kann es verdunsten lassen, aber es wird bleiben. Es wird irgendwo bleiben, es kann nicht aus der Existenz verschwinden.

Du kannst auch die Angst nicht zerstören. Und genau das hat man seit eh und je getan. Die Leute haben versucht, die Angst zu zerstören, versucht, die Wut zu zerstören, versucht, den Sex zu zerstören, versucht, die Habgier zu zerstören, dieses und jenes. Die ganze Welt hat pausenlos daraufhingewirkt, und was ist das Ergebnis? Der Mensch ist heute ein Schlamassel. Nichts ist zerstört, alles ist da, nur ist alles verwirrt worden.

Es ist nicht nötig, irgendetwas zu zerstören, weil von Anfang an nichts zerstört werden kann. Was aber muss dann geschehen? Du musst die Angst verstehen. Was ist Angst? Wie kommt sie auf? Von woher kommt sie? Was ist ihre Botschaft? Schau in sie hinein, und zwar ohne jedes

Urteil, nur dann wirst du verstehen. Wenn du bereits eine Vorstellung parat hast, dass Angst schlecht ist, dass sie nicht sein sollte: „Ich sollte keine Angst haben!“, dann kannst du nicht hinschauen. Wie kannst du dich dann der Angst stellen? Wie kannst du der Angst in die Augen schauen, wenn du bereits entschieden hast, dass sie dein Feind ist? Niemand schaut dem Feind in die Augen. Wenn du meinst, sie sei etwas Falsches, dann wirst du sie zu umgehen suchen, sie zu meiden suchen, sie zu ignorieren suchen. Du wirst zusehen, dass du ihr nicht über den Weg läufst, aber sie wird bleiben. Dies wird dir nicht helfen.

Lass erst alles Verdammen, Verurteilen, Einschätzen fallen. Angst ist eine Realität. Sie muss ins Auge gefasst, sie muss verstanden werden. Und nur durch Verstehen kann sie transformiert werden. Ja, das Verstehen selbst transformiert. Man braucht sonst nichts zu tun; Verstehen transformiert sie.

Was ist Angst? Erstens: In der Angst steckt immer eine Begierde. Du möchtest ein berühmter Mann werden, der berühmteste Mensch auf der Welt – dann ist Angst da. Was ist, wenn du es nicht schaffst? – Angst kommt auf. Jetzt kommt die Angst als Begleiterscheinung der Begierde: Du möchtest der reichste Mann auf der Welt werden. Was ist, wenn es dir nicht gelingt? – du fängst an zu zittern, Angst kommt auf. Du besitzt eine Frau: Du hast Angst, morgen könntest du sie vielleicht nicht mehr besitzen, könnte sie zu einem anderen gehen. Sie steckt noch voller Leben, sie kann es. Nur tote Frauen werden es nicht tun; sie aber ist noch lebendig. Du kannst nur einen Leichnam besitzen; dann ist keine Angst da, dann wird die Leiche da sein. Du kannst Möbelstücke besitzen, dann ist keine Angst da. Aber wenn du einen Menschen besitzen willst, kommt die

Angst. Wer weiß? Gestern hatte sie dir nicht gehört, heute ist sie dein. Wer weiß? – morgen wird sie einem anderen gehören. Angst kommt auf. Die Angst steigt aus dem Wunsch zu besitzen auf, sie ist eine Begleiterscheinung. Weil du besitzen willst – darum die Angst. Wenn du nicht besitzen willst, dann ist auch keine Angst da. Wenn du keinen Wunsch hast, in Zukunft dieses oder jenes zu sein, dann ist keine Angst da. Wenn du nicht in den Himmel kommen willst, dann ist keine Angst da, dann kann der Priester dir keine Angst machen. Wenn du nirgendwo hinkommen willst, kann dir niemand Angst machen. Wenn du anfängst, im Moment zu leben, verschwindet die Angst.

Die Angst kommt aus dem Begehren. Im Grunde also erzeugt Begierde Angst. Schau da hinein. Wann immer Angst da ist, schau, woher sie kommt – welche Begierde sie erzeugt, und dann sieh das Unsinnige daran. Wie kannst du eine Frau oder einen Mann besitzen? Es ist eine so alberne, dumme Vorstellung! Nur Dinge können besessen werden, nicht Personen. Eine Person ist eine Freiheit. Eine Person ist schön dank ihrer Freiheit. Der Vogel ist schön, solange er am Himmel fliegt; sperrt ihn in einen Käfig, und er ist nicht mehr derselbe Vogel, denkt daran. Er sieht noch so aus, aber er ist nicht mehr derselbe Vogel. Wo ist der Himmel? Wo ist die Sonne? Wo sind jene Winde? Wo sind jene Wolken? Wo ist jene Freiheit im Fluge? All das ist verschwunden. Dies ist nicht derselbe Vogel.

Du liebst eine Frau, weil sie eine Freiheit ist. Dann sperrst du sie in einen Käfig. Dann gehst du zum Standesamt und du heiratest und du baust einen schönen, vielleicht goldenen Käfig um sie, besät mit Diamanten, aber sie ist nicht mehr dieselbe Frau. Und jetzt kommt die Angst. Du hast Angst – Angst, weil die Frau diesen Käfig vielleicht nicht mag. Sie mag sich wieder nach Freiheit sehnen. Und Freiheit ist ein absoluter Wert, man kann sie nicht aufgeben.

Der Mensch besteht aus Freiheit, Bewusstsein besteht aus Freiheit. Früher oder später wird die Frau sich also langweilen, wird sie es satt haben. Sie wird Ausschau nach einem anderen halten. Davor hast du Angst. Deine Angst kommt daher, dass du besitzen möchtest – aber warum möchtest du überhaupt besitzen? Sei nicht besitzergreifend, dann ist keine Angst da. Und wenn keine Angst da ist, hast du ein gutes Stück Energie, das sich in Angst verwickelt, verstrickt, verkrampft hatte, wieder frei zur Verfügung, und diese Energie kann zu deiner Kreativität werden. Sie kann zu einem Tanz, einem Fest werden.

Du hast Angst zu sterben?

Buddha sagt: Du kannst nicht sterben, weil du von Anfang an gar nicht bist. Wie also kannst du sterben? Schau in dein Sein, geh tief hinein. Schau nach – wer ist da, der sterben sollte? Und du wirst kein Ego dort finden. Dann ist jeder Tod ausgeschlossen. Wenn kein Ego da ist, ist kein Tod da. Du bist äußerste Stille, Todlosigkeit, Ewigkeit – nicht als du, sondern als ein offener Himmel, unberührt von irgendeiner Vorstellung von Ich, von Selbst – unbegrenzt, undefiniert. Dann ist keine Angst da. Angst kommt daher, dass noch andere Dinge da sind.

Du wirst in diese Dinge hineinschauen müssen, und das Hineinschauen wird die Dinge allmählich verändern.

Frag also bitte nicht, wie du die Angst meistern oder töten kannst. Sie ist nicht zu meistern, sie ist nicht zu töten. Sie kann nicht gemeistert und sie kann nicht getötet werden. Sie kann nur verstanden werden.

Lass Verstehen dein einziges Gesetz sein.

Ich stelle fest, dass ich ein Kämpfer bin und das Kämpfen genieße. Ich mag nicht gern in der Sonne liegen und dahinschmelzen. Und dennoch sehnt sich hinter meinem Verstand mein Herz danach, zu schmelzen.

Wenn du das Gefühl hast, dass du ein Kämpfer bist, wenn du das Kämpfen genießt, und nicht nur das, wenn du stolz darauf bist, Kämpfer zu sein, dann entspann dich damit. Kämpfe total! Dann kämpfe nicht gegen deine Kämpfernatur! Das wird dann deine Art Loslassen sein.

Es ist etwas absolut Schönes, dem stärksten Sturm die Stirn zu bieten und zu lachen. Fühl dich nicht schuldig! Versuche nur eines zu verstehen: Wenn ich sage: Lass los!, meine ich damit nicht, dass du etwas ändern sollst. Ich meine damit nur, lass einfach dasjenige in seiner Gänze zu, was du zu sein fühlst.

Sei Kämpfer mit ganzer Seele. Und in dieser Totalität wirst du das Schmelzen des Herzens finden. Das wird der Lohn sein für dein Totalsein. Du brauchst nichts zu tun, der Lohn kommt von allein. Sei einfach in allem total, was du zu lieben fühlst, worauf du Stolz empfindest. Schaff keine Spaltung, sei nicht halbe-halbe, sei nicht halbherzig.

Wenn du total bist, wirst du eines Tages plötzlich, mitten im stärksten Sturm, dem du lachend die Stirn bietest, spüren, wie dein Herz in der Sonne schmilzt. Das wird dein gerechter Lohn sein.

Der Mensch schafft unnötig Probleme. Ich möchte, dass ihr versteht, dass es im Leben keine Probleme gibt, außer wenn ihr sie erzeugt. Versuche einfach herauszufinden, dass das, was sich gut für dich anfühlt, gut ist. Dann geh bis ans Ende. Selbst wenn die ganze Welt dagegen ist, macht das nichts. Und ob du wirklich mit Haut und Haar bis ans Ende gegangen bist, wird sich am Lohn erweisen.

Wenn du an einem bestimmten Punkt ein plötzliches Schmelzen fühlst, dann weißt du, dass du dich nicht betrogen hast, dass du aufrichtig gewesen bist und wahr – dass das jetzt wirklich der Punkt ist, wo du stolz sein kannst.

Warum ist seelisches Wachstum mit Schmerzen verbunden?

Unglücklicherweise hat es bis heute noch keine einzige Gesellschaft auf der Erde gegeben, die den Schmerz nicht unterdrückt hat. Alle Gesellschaften hängen von der Unterdrückung zweier Dinge ab: das eine ist Schmerz, und das andere ist Freude. Und sie unterdrücken die Freude auch nur wegen der Schmerzen. Ihre Überlegung ist folgende: wenn man nicht allzu glücklich ist, wird man auch nie allzu unglücklich. Wenn die Fähigkeit, froh zu sein, zerstört wird, muss man auch nie allzu sehr leiden. Um den Schmerz zu vermeiden, vermeidet man die Freude. Um den Tod zu vermeiden, wird das Leben vermieden.

Und so bewegt man sich auf ebenem Boden – man fliegt nie zum Gipfel und stürzt nie in den Abgrund –, aber dann ist man lebend schon gestorben, dann ist man nicht lebendig. Das Leben existiert zwischen dieser Polarität. Diese Spannung zwischen Freude und Schmerz befähigt den Menschen, gewaltige Harmonien zu erzeugen. Nur aus dieser Spannung heraus existiert Harmonie. Zerstört die Polarität, und ihr werdet stumpf, ihr stagniert und verstaubt, das Leben verliert seinen Sinn, und ihr werdet nie erfahren, was Herrlichkeit ist. Dann versäumt ihr euer Leben.

Ein Mensch, der das Leben erfahren und auskosten will, muss den Tod akzeptieren und freudig willkommen heißen. Leben und Tod gehören zusammen. Sie sind zwei Aspekte einer einzigen Erscheinung. Deshalb ist seelisches Wachstum schmerzhaft: Man muss in all die Schmerzen hineingehen, die man immer vermieden hat. Das tut weh. Man muss all die Wunden offenlegen, die man nie zur Kenntnis nehmen wollte. Aber je tiefer man in den Schmerz hineingeht, desto größer wird die Fähigkeit, alle Freuden zu genießen. Wenn man fähig ist, den Schmerz bis zur äußersten Grenze der Erträglichkeit zu erfahren, ist man fähig, den höchsten Himmel zu berühren.

Um frei von Schmerz zu werden, muss man den Schmerz akzeptieren. Als unvermeidlich und natürlich. Schmerz ist Schmerz – eine einfache, schmerzhafte Tatsache. Leiden hingegen ist immer und einzig die Ablehnung der Schmerzen, der Anspruch, dass das Leben nicht schmerzhaft sein dürfe. Es ist die Ablehnung einer Tatsache, eine Verleugnung des Lebens und der Natur der Dinge.

Beobachte diesen Vorgang einmal ganz unbeteiligt, dann wirst du dich wundern: Du hast Kopfschmerzen … Der Schmerz ist vorhanden, aber kein Leiden. Das Leiden ist eine sekundäre Erscheinung. Der Schmerz ist primär vorhanden. Der Kopf schmerzt, die Schmerzen sind da – das ist eine simple Tatsache ohne jede Wertung. Du sagst nicht, das ist gut oder schlecht, du gibst keinerlei Werturteil darüber ab. Es ist einfach so …

Die Rose ist eine Tatsache, und ebenso der Dorn. Der Tag ist eine Tatsache, und ebenso die Nacht. Der Kopf ist eine Tatsache, und ebenso die Kopfschmerzen. Du registrierst sie einfach.

Buddha lehrte seine Schüler zwei Mal hintereinander „Kopfschmerzen, Kopfschmerzen“ zu sagen, wenn sie Kopfschmerzen hatten: Registriert es, aber wertet es nicht, fragt nicht: „Warum? Warum musste mir das passieren? Es darf nicht sein!“ In dem Moment, wo man sagt, „Es darf nicht sein“, bringt man das Leiden mit ins Spiel. Das Leiden wird also durch dich geschaffen, nicht durch die Kopfschmerzen. Das Leiden ist die Folge deiner antagonistischen Deutung, deiner Verleugnung der Gegebenheiten. In dem Moment, wo du sagst, „Es darf nicht sein“, hast du begonnen, dich davon abzuwenden, du hast angefangen, den Schmerz zu vermeiden. Du möchtest dich mit irgendetwas anderem beschäftigen, sodass du ihn vergessen kannst; du lenkst dich ab, du zerstreust dich. Damit hast du es versäumt, deinen Schmerz als unbeteiligter Beobachter zu betrachten, und auf diese Weise geht der Schmerz in deinen Körper ein.

Man muss diesen Wahrheitsschlüssel in seiner ganzen Tiefe verstehen: Wenn man seine Kopfschmerzen vollkommen unbeteiligt beobachten kann, ohne eine ablehnende Haltung einzunehmen, ohne den Schmerz zu vermeiden, ohne davor wegzulaufen; wenn man nur einfach da sein und sie meditativ betrachten kann – „Kopfschmerzen, Kopfschmerzen“ – wenn man sie einfach anschaut, verschwinden die Schmerzen zu ihrer Zeit. Ich sage nicht, dass ein Wunder geschieht und dass sie verschwinden, nur wenn man sie beobachtet – sie verschwinden zu ihrer Zeit; aber sie vergiften euch nicht, ihr absorbiert sie nicht. Sie sind da, ihr registriert ihr Vorhandensein – und sie werden freigesetzt und verschwinden.

Wenn ihr einen bestimmten Vorgang in eurem Inneren auf unbeteiligte Weise beobachtet, kann er nicht in euch eindringen. Die Dinge dringen immer dann in euch ein, wenn ihr sie vermeidet, wenn ihr vor ihnen weglauft. Nur wenn ihr nicht gegenwärtig seid, können sie Teil eures Wesens werden und euch vergiften. Deine Gegenwärtigkeit genügt, um zu verhindern, dass sie zum Teil eures Wesens werden.

Wenn ihr eure Schmerzen jedes Mal einfach anschaut, sammeln sie sich nicht in eurem Inneren an.

Man hat euch nicht den richtigen Kniff beigebracht, darum vermeidet ihr sie immer, und dadurch häuft ihr derartig viele Schmerzen an, dass ihr Angst haben müsst, ihnen ins Auge zu sehen. Ihr wollt sie von vornherein nicht akzeptieren, und so wird Wachstum schmerzhaft. Das liegt an eurer falschen Erziehung; an sich ist seelisches Wachstum nicht schmerzhaft, sondern ein ausgesprochener Genuss.

Ist es wirklich der Mühe wert, an der Verbesserung meiner Persönlichkeit zu arbeiten?

Hast du mir jemals zugehört? Ich habe immer wieder gesagt, dass man seine Persönlichkeit ablegen muss, sodass die Individualität zum Vorschein kommen kann.

Ich habe immer wieder darauf bestanden, dass du nicht deine Persönlichkeit bist; sie ist eine Maske, die dir andere aufgesetzt haben. Sie ist nicht deine authentische Realität, sie ist nicht dein ursprüngliches Gesicht. Und du fragst mich: Ist es wirklich der Mühe wert, an der Verbesserung meiner Persönlichkeit zu arbeiten? Benutze deine Energie zur Zerstörung deiner Persönlichkeit! Benutze deine Energie dazu, deine Individualität zu entdecken. Und mache dir den Unterschied ganz klar: Individualität ist das, was du von Geburt aus mitgebracht hast. Individualität ist dein essenzielles Wesen, und Persönlichkeit ist das, was die Gesellschaft aus dir gemacht hat, was man aus dir hat machen wollen.

Keine Gesellschaft hat es bisher vermocht, ihren Kindern die Freiheit zu lassen, sie selbst zu sein. Das ist ihnen zu riskant. Die Kinder könnten sich als Rebellen entpuppen, sie könnten nicht mehr der Religion ihrer Vorväter folgen; sie könnten die großen Politiker nicht mehr für so großartig halten; sie könnten euren moralischen Werten misstrauen. Sie könnten ihre eigene Moral entdecken, sie könnten ihren eigenen Lebensstil finden. Womöglich wären sie keine Gipsabgüsse mehr und würden nicht mehr die Vergangenheit reproduzieren; sie könnten zu Menschen der Zukunft werden. Daher die Angst, sie könnten vom rechten

Weg abkommen. Bevor sie das tun, versucht jede Gesellschaft, ihnen bestimmte Richtlinien zu geben: Wie man lebt, eine bestimmte Ideologie, was gut und was böse ist, eine bestimmte Religion, eine heilige Schrift. Dies sind alles Methoden, um die Persönlichkeit herzustellen – die Persönlichkeit hat die Funktion einer Gefängniszelle. Und du erzählst mir, dass du deine Persönlichkeit verbessern willst? Bist du dein eigener Feind?

Aber das ergeht nicht nur dir so. Millionen von Menschen auf der Welt kennen nur ihre Persönlichkeit; sie wissen nicht, dass es mehr gibt als die Persönlichkeit. Sie haben sich selbst total vergessen, und sie haben sogar vergessen, wie sie sich selbst erreichen können. Sie sind alle zu Schauspielern geworden, zu Heuchlern. Sie sind zu Marionetten in den Händen der Priester, der Politiker, der Eltern geworden; sie tun Dinge, die sie nie haben tun wollen, und sie unterlassen Dinge, nach denen sie sich sehnen.

Ihr Leben ist so in zwei diametral entgegengesetzte Richtungen gespalten, dass sie nie zur Ruhe kommen können. Ihre Natur wird sich immer wieder geltend machen, wird ihnen keine Ruhe lassen, und ihre sogenannte Persönlichkeit wird ihre Natur immer wieder unterdrücken und sie immer tiefer ins Unbewusste verdrängen. Dieser Konflikt spaltet dich von deiner Energie ab – und ein gespaltenes Haus muss früher oder später einstürzen.

Das ist das ganze Elend der Menschen – warum es nicht viel Tanz, nicht viel Gesang, nicht viel Fröhlichkeit gibt. Alle sind so sehr damit beschäftigt, mit sich selbst Krieg zu führen. Sie haben weder Energie noch Zeit für irgendetwas anderes als den Kampf mit sich selbst. Ihre Empfindsamkeit müssen sie bekämpfen, ihre Sexualität müssen sie bekämpfen, ihre Individualität müssen sie bekämpfen, ihre Originalität müssen sie bekämpfen. Und sie müssen für etwas kämpfen, das sie nicht sein wollen, das nicht ihrer Natur entspricht, etwas, das nicht ihre Bestimmung ist. Und so können sie sich eine Zeit lang vormachen, das zu sein, was sie nicht sind, aber das Wirkliche wird sich immer wieder geltend machen. Ihr ganzes Leben läuft so ab, und sie kommen nicht dahinter, wer sie wirklich sind: Der Verdränger oder das Verdrängte? Der Unterdrücker oder das Unterdrückte? Und was sie auch tun, ihre Natur können sie nicht zerstören. Sicher, sie können ihr Dasein vergiften; sie können die Freude ihres Daseins ruinieren, seinen Tanz ruinieren, seine Liebe ruinieren. Sie können ein heilloses Chaos aus ihrem Leben machen, aber ihre Natur können sie nicht vollständig zerstören. Und sie können ihre Persönlichkeit nicht abwerfen, weil in ihrer Persönlichkeit ihre Vorväter, ihre Eltern, ihre Lehrer, ihre Pfarrer, ihre ganze Vergangenheit weiterlebt. Die Persönlichkeit ist ihr Erbgut; sie klammern sich daran fest.

Das ist der zentrale Punkt meiner Lehre: Klammere dich nicht an deiner Persönlichkeit fest. Es ist nicht deine, und wird nie deine sein. Erlaube deinem Wesen, sich völlig frei zu entfalten. Und habe Achtung vor dir selbst, sei stolz darauf, du selbst zu sein, ganz egal was du bist. Habe ein bisschen Würde! Lass dich nicht von denen kaputtmachen, die tot sind.

Leute, die schon seit Jahrtausenden tot sind, sitzen dir auf dem Kopf. Sie sind deine Persönlichkeit – und du meinst, an ihnen arbeiten, sie verbessern zu müssen? Dann rufe doch noch ein paar andere Tote dazu! Lass Gräber durchsuchen, hol noch mehr Skelette raus, umgib dich mit allen möglichen Skeletten. Und die Gesellschaft wird dir Hochachtung zollen. Man wird dich ehren, dich belohnen; du wirst großes Prestige haben, man wird dich für einen Heiligen halten. Aber wenn du mit Toten lebst, wenn du dich mit Toten umgibst, wirst du nicht lachen können – es wäre so deplaziert! –, du wirst nicht tanzen, nicht singen, nicht lieben können.

Persönlichkeit ist etwas Totes. Lass sie los, auf einen Schlag, nicht stückweise! Nicht langsam – erst heute ein bisschen und dann morgen ein bisschen – denn das Leben ist kurz und das Morgen ungewiss.

Das Unechte ist unecht. Wirf es weg, ein für allemal! Jeder echte Mensch muss ein Rebell sein. Rebell gegen wen? Gegen seine eigene Persönlichkeit.

Ein nach Amerika ausgewanderter Japaner war seit langem Stammgast in einem griechischen Restaurant, weil man dort weit und breit den besten gebratenen Reis – das japanische Nationalgericht – essen konnte. Jeden Abend kam er in dieses Restaurant und bestellte „geblatenen Leis". Und jedes Mal kugelte sich der griechische Restaurantbesitzer fast vor Lachen. Manchmal lud er sogar extra ein paar Freunde ein, sich das Spektakel anzusehen, wenn der Japaner wieder, wie an jedem Abend, seinen „geblatenen Leis" bestellte.
Schließlich fühlte sich der Stammgast so sehr in seinem Stolz verletzt, dass er Privatstunden nahm, nur um endlich richtig „gebratenen Reis" sagen zu können.
Als er das nächste Mal in sein Restaurant ging, bestellte er klipp und klar: „Gebratenen Reis, bitte."
Der griechische Besitzer traute seinen Ohren nicht und sagte: „Könnten Sie das bitte wiederholen?"
Der Japaner antwortete; „Sie haben genau gehölt, was ich gesagt habe, Sie blödel Glieche!"

Wie lange kannst du dich verstellen? Früher oder später kommt die Wirklichkeit an den Tag, und sie kommt besser früher als später.

Du brauchst deine Aussprache nicht zu verbessern! Lass einfach dies ganze Persönlichkeitsding weg. Sei einfach du selbst. Wie roh und wild dies am Anfang auch erscheinen mag, bald stellt sich von selbst eine eigene Anmut, eine eigene Schönheit ein.

Und die Persönlichkeit ... du kannst sie noch so gut aufpolieren, aber du polierst damit nur ein totes Ding, das nicht nur deine Zeit, deine Energie, dein Leben zerstören wird, sondern auch die Leute, die mit dir zu tun haben. Wir alle beeinflussen einander. Was alle machen, das machst du früher oder später auch. Das Leben ist sehr ansteckend; jeder ist dabei, seine Persönlichkeit zu verbessern. Nur deshalb ist dir diese Idee in den Kopf gekommen. Aber meine Leute machen da nicht mit. Meine Leute sind keine Herde, keine Masse. Sie haben Achtung vor sich selbst, und sie haben Achtung vor den anderen. Sie sind stolz auf ihre Freiheit und wollen, dass alle andern auch frei sind, weil ihnen ihre Freiheit so viel Liebe und so viel Anmut gegeben hat. Sie würden gerne alle anderen auf der Welt auch frei, liebevoll und anmutig sehen.

Das ist nur dann möglich, wenn du ursprünglich bist, nicht Flickwerk, nicht etwas Unechtes, sondern etwas, das aus dir erwächst, das Wurzeln in deinem Wesen hat, das zu seiner Zeit Blüten treibt. Und die eigenen Blüten zu sein, ist die einzige Bestimmung, ist der einzig sinnvolle Weg im Leben.

Aber die Persönlichkeit hat keine Wurzeln; sie ist Kunststoff, sie ist hohl. Sie abzulegen ist nicht schwierig; es gehört nur ein bisschen Mut dazu.

Und meine Erfahrung mit Tausenden von Menschen ist, dass jeder genügend Mut hat. Nur die Leute gebrauchen ihn nicht. Wenn du erst einmal anfängst deinen Mut zu gebrauchen, werden latente Quellen aktiv, und du wirst zu immer mehr Mut fähig und zu immer mehr Rebellion.

Du wirst in dir selbst zu einer Revolution.

Einen Menschen zu sehen, der in sich eine Revolution ist, ist eine Freude, denn er hat seine Bestimmung erreicht. Er hat den gewöhnlichen Mob, die schlafende Masse hinter sich gelassen.

Was ist das, meine Ganzheit?
Warum gehe ich ihr immer aus dem Wege?

Deine Ganzheit hat überhaupt nichts mit dir zu tun. Sie ist nicht *deine* Ganzheit oder *meine* Ganzheit; Ganzheit ist das *Eine*, in das wir uns alle auflösen. Daher die Angst. Du kannst nur so lange du bleiben, wie du teilweise bist, wie du nur ein Teil bist. Im selben Augenblick, da du ganz zu sein begehrst, wirst du eine Art Selbstmord begehen müssen, einen spirituellen Selbstmord: Du wirst dich auflösen müssen.

Wenn der Tautropfen begehrt, der Ozean zu sein, bleibt ihm als einziger Weg, sich im Ozean aufzulösen, als Tautropfen zu sterben. Sobald ein Tautropfen als Tautropfen stirbt, wird er zum Ozean. Das erzeugt Angst.

Die Leute reden von Gott, aber niemand möchte sich verlieren. Also bleibt das Gerede von Gott impotent, bedeutungslos. Die Leute beten Gott an, aber halten ihn auf Distanz. Sie gehen in die Tempel, aber in Wirklichkeit gehen sie nie hin, weil sie weiter an der Idee von sich selbst festhalten.

Es gibt nur zwei Möglichkeiten, zu sein. Die eine ist, als Ego: getrennt vom Ganzen – was illusorisch ist, weil es gar keine Möglichkeit gibt, wirklich getrennt zu sein. Du kannst nur glauben, getrennt zu sein; tief drinnen bleibst du eins mit dem Ganzen. Darum bleibt alles, was man um die Ego-Idee herum erfindet, illusorisch. Im Osten nennen wir es *Maya*, *Maya* bezeichnet eine Welt nichtiger Träume.

Die andere Möglichkeit, zu sein, ist: nicht getrennt zu sein – die eigenen Definitionen zu verlieren, alle Grenzmarkierungen, Abgrenzungen einzubüßen. Damit betritt man die Welt des Wirklichen, die Welt des *Brahma.* Dann transzendiert man die Träume. Und der grundsätzliche, grundlegende Traum ist der Traum vom Ego, der Traum, dass „ich bin". Du bist nicht, ich bin nicht, nur Gott ist.

Aber das ist ein großes Risiko. In die Unendlichkeit der Existenz zu verschwinden, das schreckt, das flößt Furcht ein. Du fühlst dich so schnuckelig in deiner kleinen Welt der Träume. Umgeben von deinen eigenen Träumen ist es so warm, bist du so geschützt, so sicher. Das ist der Grund, warum die Leute sich sogar noch ans Elend klammern – denn diese elenden Umstände sind Teil, wesentlicher Teil der Traumwelt, in der ihr lebt. Euer Glück, euer Unglück sind die zwei Seiten eurer Träume. Das Wirkliche kennt kein Glück, kein Unglück. Das Wirkliche ist jenseits aller Dualität. Dort herrscht absolute Glückseligkeit. Aber vergesst nicht: Glückseligkeit ist nicht Glück – ihr werdet kein Glück in der Glückseligkeit finden, ihr werdet auch kein Unglück finden.

Es ist eine total andere Welt, von der ihr euch nicht einmal einen Begriff machen könnt, wenn ihr noch nicht davon gekostet habt. Glückseligkeit muss für euch nichtssagend sein. Glückseligkeit sagt nur den Buddhas etwas, nur denen, die erkannt haben. Aber um zu erkennen, muss man eine Grundvoraussetzung erfüllen, man muss verschwinden. Es ist eine sehr paradoxe Voraussetzung: Um zu sein, darfst du nicht sein.

Du fragst: *Was ist das, meine Ganzheit?*

Wenn Ganzheit da ist, ist kein Selbst mehr da – weder meines noch deines. Und wenn das Selbst da ist, ist keine Ganzheit da. Das Selbst kann nur ein Bruchstück sein, das Selbst kann nur als ein Bruchstück existieren. Und je kleiner das Bruchstück, desto besser kann das Selbst existieren.

Darum werden egoistische Leute immer kleinlicher und kleinlicher, enger und enger.

Je egoistischer ein Mensch ist, desto gemeiner, mittelmäßiger und enger ist er. Er hat keinen Raum in sich. In ihm hat nichts anderes Platz als sein eigenes Ego. Er ist so eng, dass nur dieses kleine Wort „Ich“ genügt, um seinen ganzen Raum zu füllen. Je mehr du dein Ego verlierst, je mehr es zu schmelzen, sich zu vermischen beginnt, desto mehr Raum hast du.

Natürlich, das Ego ist sehr scharf umrissen – du kannst es definieren, du kannst den Finger darauf legen, du kannst sagen: „Das bin ich.“ Es hat eine gewisse Klarheit. Das Ganze ist eine sehr mysteriöse Wolke. Du kannst nicht den Finger darauf legen, du kannst nicht darauf zeigen: „Das ist es.“ Es ist so groß und es breitet sich überall aus. Es ist anfangslos, endlos, es ist unbegrenzt.

Solange man nicht bereit ist, in dieses mysteriöse Chaos des Ganzen hineinzugehen, wird man nicht einmal einen einzigen Schritt hineinwagen können. Es ist gefährlich für das Ego, es ist gefährlich für eure sogenannte Intelligenz. Es ist eine wahnsinnige Liebe.

Solange du nicht in Liebe zur Existenz entbrennst, so wahnsinnig, dass du dafür zu sterben bereit bist, wirst du dich weiter an dein kleines Ego klammern.

Zwei Insassen eines Irrenhauses versuchen zu entkommen. Sie sind schon an der Außenmauer angelangt, aber die ist zu hoch. „Was machen wir jetzt?“, fragt der erste Insasse.

„Ich weiß“, antwortet der zweite, „ich richte meine Taschenlampe auf den oberen Rand der Mauer, und du kletterst am Lichtstrahl hoch und hilfst mir dann.“

„Kommt nicht in Frage“, antwortet der zweite, „so verrückt bin ich nicht. Und wenn ich dann halb oben bin, knipst du die Lampe aus!“

Um ins Ganze einzugehen, musst du so verrückt sein. Es ist ein Tod, es ist ein Verschwinden, es ist riskant, es ist ein Glücksspiel. Du kannst nicht wissen, was passieren wird. Du kannst nur wissen, was du verlieren wirst. Du kannst nicht vorher wissen, was du gewinnen wirst. Solange du nicht ungeheuer mutig bist, wirst du diesen Schritt nicht tun. Er bedeutet, in den Abgrund zu springen – und der Abgrund ist bodenlos. Aber die, die gesprungen sind, sind angekommen. Im selben Moment, da sie als getrennte Egos starben, erstanden sie als göttlich wieder auf.

Als Tropfen zu sterben ist der einzige Weg, um zum Ozean zu werden.

Ich habe das Gefühl, zu ernst zu sein. Wenn ich mit einer Gruppe von lachenden und scherzenden Leuten zusammen bin, sitze ich meistens einfach nur da und finde die Situation überhaupt nicht komisch. Ich fühl mich ausgeschlossen und unwohl. Bin ich sehr krank?

Ernst gehört zur egoistischen Haltung dazu. Das Ego muss immer sehr ernst bleiben; es muss vorgeben: „Ich bin nicht gewöhnlich, ich bin etwas Ganz Besonderes. Diese gewöhnlichen Leute lachen und scherzen. Diese gewöhnlichen Leute führen ein gewöhnliches, weltliches Leben. Ich bin ein heiliger Mensch. Ich bin an weltlichen Dingen nicht interessiert, mein Interesse gilt der Wahrheit, Gott, der Erleuchtung."

Das sind alles nur Egotrips. Ego ist ernst, und Ego sammelt immer viel Wissen, um Solidität vorzutäuschen. Ego ist immer damit beschäftigt, mehr und mehr Wissen anzuhäufen. Das Ego ist unfähig, das Leben zu genießen – weil immer dann, wenn du es genießt, das Ego verschwindet. Freude und Ego können nicht nebeneinander bestehen. Das Ego kann nur bestehen, solange du ein sehr langes Gesicht machst, das Leben verabscheust und sagst: „Das ist es nicht wert. Es ist unter meiner Würde." Genau das passiert mit dir. Du bist ernsthaft krank. Gib diese Alleswisserei auf und gib diese „Ich-bin-heiliger-als-du"-Tour auf. Geh unter Leute, genieße kleine Dinge.

Lache, spaße, liebe – kleine Dinge! Wenn du ohne jedes egoistische Korsett bist, bekommen diese kleinen Dinge einen großen Glanz! Wenn du zu voll von Wissen bist, von zu viel Frömmigkeit, zu viel Heiligkeit, zu viel Religiosität, wirst du verschlossen bleiben. Dann wird nichts dich je überraschen, weil du nicht zulassen kannst, dass irgendetwas dich überrascht. Wie kannst du irgendeiner Sache gestatten, dich zu überraschen? Das würde deine Unwissenheit zeigen.

Sieh dir kleine Kinder an: Sie sind von allem überrascht, sie staunen über alles. Der Schmetterling, die Blume, das Blatt, das vom Baum fällt. Und schau dir Kinder an – wie voller Staunen, voller Ehrfurcht ihre Augen sind. Und wie unschuldig und wie durchsichtig und wie offen sie sind. Darum stellen sie ständig Fragen, über dieses und jenes – über alles stellen sie Fragen. Ihre Fragen sind ungeheuer schön. Sie wollen damit einfach sagen: „Ich weiß nicht, und ich will wissen." Ihr Leben ist ein einziges Nachforschen.

Die egoistische Person kann nicht akzeptieren, dass sie nicht Bescheid weiß.

Als ich Student an der Universität war, hatte ich einen Professor. Egal, welches Buch man erwähnte, sagte er prompt: „Ja, hab ich gelesen."
Also erwähnte ich eines Tages drei Bücher, die es gar nicht gibt. Die Autoren hat es nie gegeben. Und er sagte: „Die hab ich gelesen – wunderbare Bücher!"
Daraufhin fragte ich: „Wo haben Sie sie gefunden?"
Er sagte: „In der Bibliothek."
Ich sagte: „Kommen Sie mit."
Er sagte: „Was soll das heißen?"
Ich sagte: „Ich möchte die drei Bücher sehen."
Jetzt wurde er etwas zögerlich. Auf dem Weg zur Bibliothek sagte er: „Es ist lange Jahre her, dass ich sie las."
Ich sagte: „Sind Sie sicher, dass Sie sie gelesen haben?"

Er sagte: „Ja." Aber jetzt war das Ja nicht sehr sicher.

Als wir bei der Bibliothek angekommen waren, sagte er: „Hören Sie, ich habe sie nicht wirklich gelesen, sondern nur von ihnen gehört."

Ich sagte: „Das genügt ja. Kommen Sie in die Bibliothek – wir müssen diese drei Bücher finden."

Und wir suchten, und natürlich konnten wir sie nicht finden. Und der Bibliothekar sagte: „Aber diese drei Bücher hat es hier nie gegeben. Und ich habe noch nie von diesen Autoren gehört."

Und ich sagte zu dem Professor: „Bitte merken Sie sich das: Sagen Sie nie wieder ‚Ja, ich habe dieses Buch gelesen', wenn Sie es nicht gelesen haben. Alle drei Bücher sind erfunden, sie existieren nicht; Sie sind ertappt. Aber seit zwei Jahren höre ich mir das nun schon an ..." – man konnte erwähnen, was man wollte, er hatte es gelesen. Er war unfähig zu sagen: „Ich weiß nicht."

Das ist eine Art ernste Krankheit. Lache mit Leuten – das Leben ist voller Überraschungen. Es gibt so viel zu wissen. Und es wird immer so viel zu wissen geben – noch keiner hat jemals alles gewusst. Lass diese Einstellung, Bescheid zu wissen. Und halte dich nicht für etwas Besonderes.

Niemand ist besonders, weil jeder besonders ist. Niemand ist außergewöhnlich, weil jeder außergewöhnlich ist.

Und jeder Moment im Leben ist so voll vom Unbekannten, dass du, wenn du wach und offen bist bei jedem Schritt überrascht sein wirst. Und wenn du bei jedem Schritt im Leben überrascht bist und jeder Moment neue Überraschungen bringt, wird dein Leben zu einem Tanz, einem Lied, einem Fest.

Ein Mann wurde von seiner Frau gebeten, ein lebendes Huhn für ein besonderes Essen zu kaufen. Er kaufte das Huhn und war auf dem Heimweg, als ihm einfiel, dass er den Hausschlüssel nicht bei sich hatte und seine Frau erst in ein paar Stunden zurück sein würde. Er beschloss, sich die Zeit im Kino zu vertreiben. Um eingelassen zu werden, stopfte er sich das Huhn in die Hose. Er nahm Platz und der Film begann.
Er war so fasziniert, dass er nicht bemerkte, dass das Huhn seinen Kopf durch den Hosenschlitz gesteckt hatte.
Zwei Frauen saßen neben ihm, die eine stieß die andere an und sagte: „Schau mal, was da aus der Hose des Mannes ragt."
Die andere antwortete: „Ach, hast du einen gesehen, hast du alle gesehen."
Die erste sagte: „Ja, aber der hier frisst mein Popcorn!"

Ich möchte zu Gott beten. Wie macht man das?

Geh Gott nicht auf die Nerven, er hat seine eigenen Pro-bleme. Siehst du nicht, dass alles, was er ins Leben ruft, gleich wieder stirbt? Behalte deine Probleme für dich. Warum willst du zu Gott beten? Gott kann ohne deine Gebete auskommen. Vielleicht kannst du nicht ohne sie auskommen, aber dann können deine Gebete nicht mehr sein, als in Worte gefasste Wünsche und Forderungen, die du stellst, Beschwerden, die du einreichst. Das ist es, was die Leute Beten nennen: Sie bringen ihre Klagen vor, sie beschweren sich unaufhörlich und sagen: „So sollte es aber nicht sein!" Sie versuchen, Gott ein bisschen Vernunft beizubringen.

Nein, eure Gebete werden nicht gebraucht. Was *ihr* braucht, ist Meditation. Meditation hat nichts mit Gott zu tun. Durch Meditation werdet ihr selbst verwandelt; Gott wird völlig außer Acht gelassen. Und ihr wisst ja ohnehin nicht das Geringste von Gott. Wie wollt ihr zu etwas ganz und gar Unbekanntem, zu einem x-beliebigen Etwas beten? Und in welcher Sprache wollt ihr zu Gott beten? Ihr kennt ihn ja überhaupt nicht.

Natürlich gibt es Leute, die sagen: „Wenn du zu Gott betest, lernst du ihn kennen." Aber Beten setzt grundsätzlich voraus, dass Gott irgendwann erfahren wurde – erst dann kannst du beten. Du musst ihn erlebt haben, erst dann kannst du Liebe für ihn empfinden. Aber wie kannst du einen unbekannten Gott lieben? Daher kann dein Gebet nur förmlich sein, nicht mehr als ein Klischee.

Meditation ist eine völlig andere Dimension. Kabir (ein Mystiker des 15. Jahrhunderts) war für Meditation, Buddha war für Meditation, und auch ich bin für Meditation. Meditation ist eine völlig andere Art der Annäherung, ein Weg, der nichts mit Gott zu tun hat. Meditation hat etwas mit dir selbst zu tun, mit deinem eigenen Bewusstsein. Sie erzeugt eine Stille in deinem Inneren, eine tiefe Stille. In diesem vollkommenen Schweigen spürst du allmählich die Gegenwart Gottes.

Andacht ist eine Folge tiefer Meditation. Nur einer, der meditiert, kann beten, denn nur er hat die existenzielle Erfahrung gemacht, nur er fühlt ... denn Gott ist für ihn nun kein Diskussionsgegenstand mehr und keine logische Folgerung, sondern etwas, das er am eigenen Leib erfahren hat, etwas, das er gelebt hat. Und danach ist ein Gebet keine Beschwerde mehr. Dann ist es Hingabe, dann ist es ein Ausdruck der reinsten Liebe, ohne dass irgendwelche Wünsche und Bedingungen damit verknüpft sind. Es ist die reine Dankbarkeit. Lasst das Gebet nach der Meditation kommen. Zuerst müsst ihr meditieren. Dadurch öffnen sich eure Herzen, und ihr werdet innerlich gereinigt von all dem Unsinn, den ihr seit Ewigkeiten, seit vielen Leben in den Köpfen habt. Dadurch wird der Raum geschaffen, in dem die Andacht sich entfaltet.

Meditation heißt soviel, wie den Boden für ein Rosenbeet bereiten. Ein Gebet ist wie eine Rose, und der Boden muss erst für sie bereitet werden. Man muss das Unkraut jäten, die Erde umgraben und alle Steine aus dem Weg räumen. Bereite erst den Boden vor, dann steigt das Gebet von selbst in dir auf. Beten ist etwas, was du nicht von dir aus tun kannst. Aber Meditation ist etwas, was du tun kannst, weil Meditation etwas mit deinem Verstand, deinen Gedanken zu tun hat, und da es schließlich dein Verstand ist, kannst du etwas tun. Beten hat mit Gott zu tun, und

Gott ist in weiter Ferne, irgendwo im Jenseits, du weißt nicht, wo. An wen sollst du deine Gebete adressieren, wenn du seinen Namen und seine Anschrift nicht kennst? Und so betest du ständig in den luftleeren Raum hinein, während du tief innen die ganze Zeit weißt, dass deine Mühe vergebens ist. Aber vielleicht … vielleicht klappt es ja doch – vielleicht auch nicht. Aber es kostet dich ja nichts, und so machst du weiter. Erst musst du dich durch Meditation innerlich vorbereiten.

Meditation bedeutet eine Stille ohne jeden Gedanken, eine Bewusstheit, die von allen Gedanken frei ist – Friede. Wenn ein solcher Friede herrscht, bricht das Gebet eines Tages hervor; eine Knospe in deinem Inneren öffnet sich, dein Herz geht auf wie eine Blume, von deren Duft du völlig erfüllt wirst. Dieser Duft ist Andacht. Du fällst auf die Knie, jetzt ist Gott nicht mehr fern, er ist dir ganz nah, durch dein Aufblühen hast du die Brücke zu ihm gefunden.

Gebete ohne vorausgehende Meditation sind förmlich und dumm. Gebete, die nicht meditativ sind, sind reine Zeit- und Energieverschwendung.

Ich lehre Meditation, denn Beten, innere Andacht, kann nicht durch Lehren vermittelt werden. Wenn ihr Meditation erfahren habt, stoßt ihr eines Tages ganz von selbst auf Andacht. Andacht ist eine Gnade. Meditation kann mit Anstrengung verbunden sein, aber Andacht geschieht ganz mühelos. Du kannst Gott und deine Gebete vergessen. Erst musst du sehr viel an dir selbst arbeiten. Kümmere dich einzig und ausschließlich um das eine: Wie du aus deinem Kopf herauskommst. Dadurch erledigt sich alles, das ist der Schlüssel zu allem Übrigen. Dann kann sich die Andacht entfalten. Andacht ist die Belohnung für einen, der meditiert hat. Andacht ist eine Folgeerscheinung.

Darüber sind sich alle Mystiker des Ostens einig – von Patanjali bis Krishnamurti lehren alle Erleuchteten Meditation. Und der Grund ist, dass die Meditation mit dem menschlichen Bewusstsein arbeitet, während Beten ein Dialog mit dem universalen Bewusstsein ist.

Warte. Sei geduldig. Werde erst einmal fähig, diesen Dialog zu führen, und dann muss dir nichts mehr beigebracht werden. Wenn du vollkommen still bist, vernimmst du die kleine, leise Stimme in deinem Herzen. Es ist tatsächlich so, dass der Anruf immer von Gott, vom Partner am anderen Ende, kommt. Du kannst das Gespräch nicht von dir aus anfangen, du kannst nur offen und empfänglich sein. An deinem Ende geht es um Empfänglichkeit, und in dem Moment, in dem du dazu fähig bist, klingelt es plötzlich und die Verbindung ist da. Aber der Anruf kommt von den anderen. Es ist Gott, der Adam ruft: „Wo bist du? Wo versteckst du dich?" Nachdem Adam die Frucht vom Baum der Erkenntnis gegessen hatte, bekam er große Angst vor Gott, weil Gott ihm diese Frucht verboten hatte – er war ungehorsam gewesen. Also fühlte er sich schuldig und versteckte sich, während Gott sich auf die Suche nach ihm machte und überall im Garten Eden herumlief und rief: „Adam, wo bist du?" Seit dem Tag ruft Gott nach euch, und ihr versteckt euch hinter diesem oder jenem Busch.

Ihr braucht nicht zu beten. Alles, was ihr braucht, ist ein stilles Herz, das Gottes Ruf vernehmen kann. Ihr braucht ihn nicht zu rufen – er ruft euch! Seid einfach nur empfänglich. Darum geht es bei der Meditation. Durch Meditation werdet ihr empfänglich. In dieser Empfänglichkeit beginnt ihr allmählich, Gottes Stimme zu hören.

Wahres Beten ist, wenn Gott zu euch spricht. Solange ihr noch zu Gott sprecht, ist es falsch.

Kannst du jetzt mal was Ernstes sagen, damit ich auch mal was verstehen kann?

Das ist wirklich eine schwierige Frage! Ich weiß nicht, was ernst ist. Ich kann es versuchen, aber ich glaube nicht, dass es mir gelingen wird. Ich bin nie ernst gewesen – je ernster ich aussehe, desto weniger bin ich es. Aber wir wollen dir zuliebe ein paar Sachen probieren. Wer weiß, vielleicht findet sie etwas Ernstes daran? Die Menschen finden alles Mögliche, was ich noch nicht gesagt habe, was ich nicht gemeint habe, was mir noch nicht einmal im Traum einfallen würde. Und vielleicht versteht sie sogar was!

> In der guten alten Zeit war es in jüdischen Dörfern Sitte, dass nach der Hochzeitsnacht der Rabbi kommt und die Bettlaken inspiziert, um zu prüfen, ob die Braut noch Jungfrau gewesen war.
> Die junge Frau wusste das, und sie wusste auch, dass sie die Prüfung nicht bestehen würde. So stand sie mitten in der Hochzeitsnacht auf und verteilte ein paar Tropfen Tinte auf dem Bettlaken, aber weil es so dunkel war, erwischte sie die falsche Flasche – die mit der grünen Tinte.
> Am nächsten Morgen kam wie erwartet der Rabbi und inspizierte das Laken. Plötzlich schrie er auf: „Was für ein Monster! Er hat ihr die Gallenblase durchstoßen!"

Nein, das war nicht ernst. Lasst uns einen weiteren Versuch machen.

Zwei ältere Herrschaften, ein Herr und eine Dame, unterhalten sich. Sie reden von der guten alten Zeit, und er fragt sie: „Entschuldigen Sie die Frage, sind sie eigentlich jemals rot geworden?"
„Oh ja", sagt sie, „sogar vier Mal. Das erste Mal, als ich mich vor meinem Ehemann auszog. Das zweite Mal, als ich mich vor meinem Liebhaber auszog, das dritte Mal, als ich Geld dafür nahm, und das vierte Mal, weil ich Geld dafür zahlte. Und sie?"
Der Mann schweigt einen Moment und sagt dann: „Ich bin zweimal rot geworden. Das erste Mal, als ich beim zweiten Mal nicht konnte, und das zweite Mal, als ich beim ersten Mal nicht konnte."

Wieder daneben! Ich bin eben kein guter Bogenschütze; darum halte ich auch nichts von Schießscheiben und Zielen, und so fliegen meine Pfeile überall hin, nur nicht ins Ziel.

Ein letzter Versuch:
Im Himmel ist die Jagdsaison eröffnet. Nur der Heilige Geist möchte nicht mitmachen – bisher musste er jedes Jahr vorzeitig aufhören, weil er einen Schuss in den Hintern bekommen hatte. Gott Vater kann ihn schließlich doch überreden mitzumachen und verspricht, diesmal gut auf ihn aufzupassen. Die Jagd ist fast zu Ende, da geschieht es wieder: Ein Schuss fällt, und der Heilige Geist hüpft in äußerster Qual herum und hält sich den Hintern. Wutentbrannt rennt Gott Vater auf einen Busch zu, zieht Josef heraus und schreit: „Josef, wann wirst du ihm endlich die Sache mit Maria verzeihen?!"

Der alte Mensch, so wie er seit Menschengedenken lebt, hat Angst vor dem Leben – nicht Angst vor dem Tod. Den Tod betet er an. Das Leben lehnt er ab. Alle Religionen, die bisher die Welt beherrscht haben, sind lebensverneinend gewesen. Sie haben euch ständig den Gedanken ins Hirn gehämmert, dass es etwas Verkehrtes ist, das Leben zu lieben: Das Leben zu lieben ist etwas für Sünder, das Leben zu hassen ist etwas für Heilige. Ihre sämtlichen Vorschriften sind so beschaffen und geplant, dass sie euer Leben zerstören, eure Lebensfreude zerstören, eure Sehnsucht nach mehr und mehr Leben zerstören. Und statt euch zu helfen, ästhetischer, künstlerischer, schöner, seliger zu leben, zerstören sie euer Leben so sehr mit so verschiedenen Mitteln und Tricks, dass eure ganze Lebenssehnsucht vergiftet wird.

Und auf sehr indirektem Wege lehren sie euch, den Tod anzubeten. Was ist denn die Absage an das Leben anderes als die Anbetung des Todes? Sie haben Angst vor dem Leben, weil das Leben gegen ihre Religionen zu sein scheint. Ein Mensch, der das Leben liebt, wird auf alle Tempel und Moscheen und Kirchen pfeifen – das Leben genügt ihm so schon vollauf. Einer, der das Leben in seinen Tiefen und in seinem Höhen kennengelernt hat, macht sich absolut keine Gedanken, ob Gott existiert oder nicht; denn er hat bereits etwas kennengelernt, das wirklicher und gewisser ist, als es nur je ein Gott gewesen ist.

Alle Götter sind hypothetisch – das Leben allein ist der wirkliche Gott. Natürlich wachen die Priester eifersüchtig darüber, dass ihr euch nicht allzu sehr auf die Geheimnisse des Lebens einlasst, denn wenn ihr euch zu sehr auf die Geheimnisse des Lebens einlasst, wer wird dann noch ein Christ sein oder ein Hindu oder ein Muslime oder Buddhist? Wer wird dann noch tote Götter anbeten, tote Heilige? Wer wird auf die Priester hören? Einer, der das Lied des Lebens direkt gehört hat, einer, der die Musik des Lebens direkt gelebt hat, intensiv und total, der sie getanzt hat, der wird sich nicht mit Glaubenssystemen herumschlagen – er hat es nicht nötig.

Die hässlichsten Berufe der Welt sind allein diese zwei: zum einen der der Prostituierten, und zum anderen der der Priester. Natürlich ist der Beruf der Priester weit schlimmer; denn die Prostituierten verkaufen nur ihren Körper, sie verkaufen nicht ihre Seelen. Und sie greifen nicht in die Freiheit eines anderen Menschen ein, sie nehmen euch nicht eure Freude – im Gegenteil, in gewisser Weise vermehren sie sie, intensivieren sie sie, entfachen sie sie erst recht.

Der Priester hingegen verkauft Götter und macht Menschen zu Sklaven und mischt sich in jedermanns Leben ein, in seine Freiheit, seine Individualität. Er kann nicht mitansehen, dass irgendwer glücklich ist, weil der Mensch, der glücklich ist, nie sein Kunde werden wird. Sein Geschäft beruht auf eurem Unglück. Je unglücklicher ihr seid, desto mehr werdet ihr den Rat der Priester suchen, desto mehr werdet ihr Gottesbilder anbeten, desto mehr werdet ihr Trost jenseits des Lebens suchen.

Dieses Leben ist voller Leid. Ihr müsst einfach an ein anderes Leben als dieses glauben, einfach um es zu ertragen, um es auszuhalten – sonst könnte es kein intelligenter Mensch auch nur einen Moment lang aushalten.

Die Priester haben nur eine Möglichkeit gelassen: den Selbstmord. Sie haben alles zerstört, wozu das Leben fähig ist, und sie haben euren Geist so tief vergiftet, dass selbst, wenn ihr versucht, etwas zu genießen … Ihr möchtet tanzen, aber ihr merkt, dass irgendwelche unsichtbaren Ketten eure Füße gefesselt halten. Ihr möchtet singen, aber ihr merkt, dass irgendwelche unsichtbaren Hände eure Stimme abdrosseln.

Ihr möchtet lieben, aber ihr hört plötzlich eine Stimme aus dem Innern eures eigenen Kopfes kommen, dass ihr da eine Sünde begeht – es ist gegen Gott und gegen alle heiligen Schriften. Niemand hat Angst vor dem Tod. Es mag unglaublich scheinen, aber ich wiederhole, dass niemand Angst vor dem Tod hat; denn vor etwas, was man nicht kennt, kann man keine Angst haben. Man kann vor etwas keine Angst haben, womit man nicht vertraut ist.

Was wisst ihr vom Tod? Wie könnt ihr Angst vor dem Unbekannten haben? Nur das Bekannte weckt Angst. Was euch Angst macht, ist das elende Leben, das ihr heute gelebt habt. Angst, dass ihr es vielleicht morgen noch einmal leben müsst! Ihr kennt es, ihr habt es Jahr für Jahr gelebt, in der Hoffnung, dass irgendein Wunder geschehe und sich morgen mit der aufgehenden Sonne alles ändern möge.

Aber die Sonne geht jeden Tag auf. Sie ist tausendmal aufgegangen, und nichts ändert sich. Im Gegenteil, das Leben wird immer komplizierter, immer unglücklicher, immer leidvoller, immer angstvoller.

Ja, ihr habt Angst vor dem Alter, ihr habt Angst vor Krankheit – aber nicht vor dem Tod. Ihr wisst nichts über den Tod. Den Tod betet ihr an.

Zwei Kerle sitzen an der Bar und vergleichen die sexuellen Verhaltensweisen ihrer Frauen. „Sag mal, schließt

deine Frau auch die Augen, wenn du‘s mit ihr machst?“
„Klar tut sie das“, antwortet der andere, „sie kann‘s einfach nicht mit ansehen, wenn mir was Spaß macht.“

Die Priester sind genau wie diese Ehefrauen, die nicht mit ansehen können, dass jemand Spaß hat. Eure Religionen sind nichts als Verurteilungen der Dinge, die euch Vergnügen und Freude machen. Sie fördern ausdrücklich alles, was reine Selbstfolter ist.

Warum wählt ihr die Sklaverei, wenn es Freiheit gibt? Warum wählt ihr Käfige, wenn die Türen offenstehen und der ganze Himmel euer ist? Nach der Antwort muss man nicht lange suchen. Der Käfig hat Sicherheit, er schützt euch vor Regen, vor Sonne, vor starkem Wind, vor euren Feinden. Er schützt euch vor der Unendlichkeit, in der man sich verlieren kann. Er gibt euch ein Obdach. Er ist euch ein gemütliches Heim. Und ihr habt keinerlei Verantwortung, braucht euch nicht um eure Nahrung zu sorgen, nicht um die schlechte Jahreszeit zu kümmern, braucht euch nicht den Kopf zu zerbrechen, ob ihr morgen etwas zu essen finden werdet oder nicht.

Freiheit bringt ungeheure Verantwortungen. Sklaverei ist ein Kuhhandel. Du gibst deine Freiheit, und jemand anders übernimmt die Verantwortung für dein Leben, für deinen Schutz, für dein Essen, für dein Obdach, für alles, was du brauchst. Alles, was du verlierst, ist deine Freiheit, alles was du verlierst, sind deine Flügel, alles, was du verlierst, ist der sternenübersähte Himmel. Aber genau das war deine Seele.

In einem Käfig sicher und geschützt, bist du tot. Du hast ein Leben ohne Risiko, ohne Gefahr vorgezogen. Darum gehst du immer wieder in deinen Käfig zurück, obwohl deine tiefste Seele in der Gefangenschaft rastlos ist. Sie möchte gern alles riskieren und die Freiheit haben, bis ans äußerste Ende des Himmels zu gehen. Sie sehnt sich, an der Sonne vorbei bis zu den entferntesten Sternen zu fliegen. Aber du ziehst es am Ende vor, ein Heuchler zu sein. Und genauso hält es fast jeder Mensch auf der Welt.

Ihr fangt an, Freiheitslieder in eurem Käfig zu singen. Obwohl die Türen offenstehen und euch der ganze Himmel offensteht, gebt ihr euch mit dem Leben in Heuchelei zufrieden. Ihr habt die ganze Gemütlichkeit, die ganzen Sicherheiten, den ganzen Schutz des Käfigs. Und ihr habt all die ganzen Freuden der Freiheit – in eurem Lied, in eurer Dichtung, in eurer Malerei, in eurer Musik! Darum ruft ihr immerzu: „Freiheit! Freiheit!“

Ihr macht euch nur selber was vor.

Glück ist die Kehrseite von Unglück. Wenn du glücklich sein willst, wirst du unglücklich bleiben müssen. Diese Aussage wird sehr paradox klingen, ist es aber nicht. Genau so ist das Leben. Nur ein unglücklicher Mensch kann glücklich sein. Unglück stellt den Rahmen her, in dem Glück empfunden werden kann.

Wenn du monatelang krank gewesen bist, dann fühlst du dich, wenn du wieder gesund wirst, plötzlich unglaublich glücklich. Dabei warst du jahrelang vor deiner Krankheit gesund gewesen, aber so glücklich warst du nie zuvor, absolut nicht – du hattest nicht einmal Notiz davon genommen. Jetzt bist du glücklich, dass du gesund bist. Warum? Woher kommt dieses Glück? Es kommt von deiner Krankheit. Deine Krankheit hat Unglück erzeugt – den Hintergrund. Jetzt bist du wieder gesund, und du kannst es fühlen – und fühlen kannst du es nur, wenn etwas im Kontrast dazu geschieht.

Wenn ein Armer reich wird, ist er glücklich, unglaublich glücklich. Aber glückliche Reiche seht ihr nirgendwo. Sie sind reich, also besteht kein Grund, glücklich zu sein. Sie fühlen absolut nicht so. Je reicher man wird, desto unglücklicher ist man. Wenn du der reichste Mann der Welt wirst, wirst du vergessen, dass es Glück überhaupt gibt. Genau das passiert jeden Tag. Glück ist nur die eine Seite, wie ein Eiland im Meer des Unglücks.

Der Vater krümmt sich vor Schmerz, als er seinen Sohn oben Geige üben hört. „Ich halte es nicht mehr aus!“, schreit er die Mutter an. „Schon ein Jahr Geigenunterricht, und unser Sohn macht Geräusche, als würde eine Katze gequält.“

„Ich weiß, du bist enttäuscht“, sucht die Mutter den Vater zu trösten, „er wird nie ein Virtuose sein.“

„Er wird nie ein Straßenspieler sein! Sie würden ihn mit Dreck bewerfen!“

Am nächsten Tag zur selben Zeit ist alles still im Haus.

„Komisch“, wundert sich die Mutter, „sonst übt er doch immer um diese Zeit.“

Ein Lächeln huscht über des Vaters Gesicht. „Friede – wie herrlich!“

„Was hast du gemacht?“, fragt die Mutter argwöhnisch.

„Ganz einfach“, antwortet der Vater. „Wenn die Regierung die Bauern dafür bezahlt, bestimmte Pflanzen nicht anzubauen, kann ich meinen Sohn dafür bezahlen, nicht Geige zu spielen.“

Niemand spielt Geige in eurem Haus, niemand macht Geräusche, als würde eine Katze gefoltert, aber den Frieden, den spürt ihr nicht. Ihr sagt nicht: „Friede – wie herrlich!“

Nur der Gefangene weiß, was Freiheit bedeutet. Wenn er aus dem Gefängnis kommt und auf die Bäume und die Sonne und den Himmel schaut und auf die Menschen schaut und weiß, dass keine Ketten mehr an seinen Füßen, an seinen Händen sind, dann weiß er, was Freiheit ist. Bald wird er es vergessen.

Ihr seid euch nicht eurer Freiheit bewusst – oder doch? Habt ihr je eure Freiheit genossen? Habt ihr je getanzt, weil keine Ketten an euren Händen sind? Habt ihr je getanzt, weil ihr nicht im Gefängnis seid? Habt ihr je getanzt, weil ihr den ganzen Himmel sehen könnt und nicht durch ein Schlüsselloch schauen müsst? Nein, das hat euch nie beglückt.

Ein sehr reicher Mann wollte einmal glücklich werden. Er hatte alles Mögliche versucht, aber alles war gescheitert. Er ging zu vielen Heiligen, niemand konnte ihm helfen. Dann schlug jemand vor: „Geh doch zu Mulla Nasruddin. Er wohnt da und da, er ist der einzige, der dir irgendwie helfen kann."
Der Mann ging hin und nahm einen Sack voller Diamanten mit und zeigte den Sack Mulla Nasruddin, der draußen vor der Stadt unter einem Baum lag und in der Sonne ruhte.
„Ich bin ein sehr unglücklicher Mann, ich möchte Glück. Ich bin bereit, alles dafür zu geben, aber ich habe nicht ein einziges Mal kosten dürfen, was das Glück ist. Und der Tod kommt näher – kannst du mir helfen? Wie kann ich glücklich werden? Ich habe alles, was die Welt zu geben hat, aber ich bin trotzdem unglücklich. Warum?"
Mulla sah den Mann an, und dann ging alles so schnell, dass der Reiche nicht begriff, was passierte. Er sprang den Reichen an, entriss ihm den Sack und rannte. Natürlich rannte der Mann hinterher, weinte und schrie: „Man hat mich bestohlen, beraubt!"
Mulla kannte alle Straßen der Stadt, also lief er im Zickzack, hierhin und dorthin. Der Reiche war sein Leben lang noch nie gerannt, und er weinte und die Tränen liefen ihm über die Backen, und er rief: „Man hat mich bis aufs Hemd ausgeraubt! Das waren die Ersparnisse meines ganzen Lebens! Rettet mich, Leute! Helft mir!"

Eine Menschenmenge lief hinter ihm her, und als sie den Mulla endlich einholten, war der schon wieder am gleichen Fleck, wo der Reiche ihn angetroffen hatte. Das Pferd des Reichen stand immer noch dort, Mulla saß unter dem Baum. Der Reiche weinte und atmete schwer. Und Mulla gab ihm den Sack zurück.

Der Reiche sagte: „Gott sei gedankt!“ Welch Freudentränen, und welch ein Friede!

Mulla sagte: „Siehst du, ich habe dich glücklich gemacht. Weißt du jetzt, was Glück ist? Dieser Sack hat dich Jahre und Jahre lang begleitet, und du warst unglücklich. Man musste ihn dir nur wegnehmen.“

Glück und Unglück gehören zusammen. Darum sollte Glück auch nicht das Ziel eures Lebens sein, denn wenn ihr Glück wollt, werdet ihr unglücklich bleiben müssen. Je unglücklicher man ist … nur dann gibt es ein paar Momente, ab und zu mal einen, in dem man glücklich ist.

Das Ziel ist nicht Glück, das Ziel ist Glückseligkeit. Frag mich nicht: *„Was ist Glück?“*, denn das zeigt, dass du nach Glück suchst. Wenn du hier auf der Suche nach Glück bist, hast du dir den falschen Ort ausgesucht. Geh zu Mulla Nasruddin.

Mein Bestreben hier ist es, Seligkeit herbeizuführen, nicht Glück. Glück ist wertlos – es beruht auf Unglück. Seligkeit ist Transzendenz: Man lässt die Dualität des Glücklich- und Unglücklichseins hinter sich.

Man beobachtet beides – Glück kommt, man beobachtet es und identifiziert sich nicht damit. Man sagt nicht: „Ich bin glücklich. Friede – wie herrlich!“ Man beobachtet einfach, man sagt: „Ja, es zieht eine weiße Wolke vorbei.“

Und dann kommt Unglück, aber man wird auch nicht

unglücklich. Man sagt: „Es zieht eine schwarze Wolke vorbei – ich bin der Zeuge, der Beobachter."

Um nichts anderes geht es bei Meditation – einfach Beobachter werden. Misserfolg kommt, Erfolg kommt, du wirst gelobt, du wirst verdammt, du wirst geachtet, du wirst beleidigt – alle möglichen Dinge kommen. Sie alle sind Dualitäten, und du schaust weiter zu. Indem du der Dualität zuschaust, erhebt sich in dir eine dritte Kraft.

Dualität bedeutet zwei Dimensionen – die eine ist Glück, die andere Unglück. Indem du beiden zuschaust, tut sich in dir eine Tiefe auf – die dritte Dimension, Zeuge sein, *Sakshi*. Und diese dritte Dimension bringt Seligkeit. Seligkeit hat keinen Gegensatz. Sie ist heiter, ruhig, kühl. Sie ist Ekstase ohne jede Erregung. Und ich kann Glück nicht definieren, weil ich nicht weiß, was für ein Mensch du bist.

Was für dich Glück ist, mag für deinen Bruder Unglück sein. Was für dich Unglück ist, mag für deinen Nachbarn Glück sein.

Vier Frauen sitzen seit Stunden unter den Haartrocknern im Damensalon. Nachdem sie mit allem Klatsch durch sind, wenden sie sich der Philosophie zu.

Die erste Dame sagt: „Glück ist, wenn der Mann den Lohnscheck nach Hause bringt."

Die zweite Dame stellt fest: „Glück ist, wenn man in Las Vegas spielt und gewinnt."

Die dritte Dame bemerkt: „Glück ist, ohne Mann und Kinder Urlaub zu machen."

Die vierte Dame kommt zu dem Schluss: „Glück ist, essen zu können, ohne auf Kalorien achten zu müssen."

Da neigt sich der eine Friseur zum anderen hin und

flüstert: „Glück ist, diesen gackernden Hennen nicht zuhören zu müssen."

Es kommt drauf an. Dein Glück ist deine Besonderheit; es mag für jemanden anders Unglück sein. Es hat nichts mit Wahrheit zu tun. Es ist nur dein Traum. Und du kannst jeden Traum haben, den du willst. Für den einen ist Macht Glück, für den nächsten ist Geld Glück, für einen anderen ist Geld Unglück – er läuft davon, verzichtet auf Geld, läuft vor aller Macht davon, geht in den Urwald. Für den einen ist Gesellschaft Glück, für den andern Alleinsein. Es hängt von dir ab.

Aber ich habe absolut kein Interesse am Glück. Denn grundsätzlich muss es auf sein Gegenteil angewiesen sein – und alles, was auf sein Gegenteil angewiesen ist, hält euch gespalten. Und gespalten leben heißt in der Hölle leben.

Ich möchte, dass ihr etwas ausfindig macht, was nicht auf sein Gegenteil angewiesen ist – was vielmehr gar kein Gegenteil hat. Seligkeit hat kein Gegenteil. Und selig sein heißt nach Hause zu kommen. Man wird zum Buddha – heiter, gelassen, kühl, ruhig, und doch absolut selig.

Suchen wir wirklich nach Antworten auf unsere vielen Fragen? Mir scheint, dass es für jeden nur „eine" Frage geben müsste, und die, wenn wir sie nur genau herausfinden könnten, wie ein Leuchtfeuer wäre. Diese eine Frage würde dann genügen, und es ohne dass eine Antwort nötig wäre.

Tatsächlich gibt es keine Frage, die euch zur Antwort werden wird. Die Wirklichkeit ist fraglos hier. All eure Fragen gelten nicht wirklich der Suche nach Antworten – sie können euch vielmehr in große Probleme führen.

Wenn der Mann, dem ihr die Frage stellt, ein Gelehrter, ein Pädagoge ist, dann wird er euch eine Antwort geben, die Tausende von neuen Fragen erzeugt. Ihr seid mit einer Frage gekommen, er hat euch eine Antwort gegeben. Jetzt erzeugt diese eine Antwort Tausende von Fragen – und genau das ist es, was sich bisher in der Philosophie, in der Theologie abgespielt hat. Jede Frage führt zu einer Antwort, und diese Antwort führt zu vielen Fragen. Und das wächst so immer weiter.

Tatsächlich wird der Mann, den du fragst, deine Frage, wenn er ein Wissender ist, nicht beantworten. Er zerstört sie. Er versucht, sie abzuschaffen. Er setzt nicht eine Antwort an ihre Stelle, weil dich dann diese Antwort martern würde.

Darin besteht die wirkliche Arbeit eines Meisters, eines Mystikers – dass die Menschen, die bei ihm sind, sich früher oder später ohne Fragen fühlen.

Ohne Fragen zu sein, ist die Antwort.

Es gibt keine Antwort ... nicht etwa, dass wenn du ohne

Fragen bist, all deine Fragen zerstört worden wären; nicht etwa, dass du auf eine versteckte Antwort gestoßen wärst – nein, da ist nichts versteckt. Das ganze Gerümpel ist ausgemistet.

Du fühlst nur noch ein reines und klares Bewusstsein.

Das ist die Antwort ... Nicht die Antwort auf irgendeine Frage, sondern der Zustand des Nicht-Fragens ist die Antwort, nach der wir immer suchen und forschen.

Jede Frage ist Ballast. Jede Frage ist eine Wunde. Jede Frage ist eine Anspannung. Und frag*los* zu sein, völlig frei zu sein von jeglichen Fragen ...

Es gibt eine Geschichte aus dem Leben von Mevlana Jalaluddin Rumi. Er arbeitete mit seinen Jüngern in einem kleinen Kloster in der Wüste. Ein paar vorbeiziehende Reisende machten Rast und kamen herein. Sie sahen, dass im Hof seine Schüler saßen und Mevlana Rumi fragten und er ihnen Antwort gab.
Bald hatten sie genug von all diesen seltsamen Fragen und seltsamen Antworten... und zogen ihres Weges. Nach Jahren des Reisens kamen sie wieder vorbei, und hielten an, um nachzuschauen, was im Kloster vor sich ging. Nur Mevlana Rumi saß dort und es gab keine Jünger. Sie waren ganz überrascht – was war passiert? Sie gingen zu Mevlana hin und fragten: „Was ist passiert?"
Mevlana lachte und sagte: „Ich habe alle ihre Fragen zerstört, und jetzt haben sie keine Fragen mehr. Darin besteht meine ganze Arbeit. Und so habe ich ihnen erklärt: ‚Geht und macht dasselbe mit anderen: Zerstört ihre Fragen.' Und wenn ihr jemanden findet, mit dem ihr nicht fertigwerdet, dann schickt ihn her!"

Wenn alle Fragen abgeschafft sind, bist du wieder ein Kind, absolut unschuldig. Dann bleibt deinem Geist nichts anderes übrig, als still zu sein, und nichts kann ihn mehr stören – unmöglich. Und – eine große Heiterkeit … Sie ist die Antwort. Sie enthält keine Wörter, und sie bezieht sich auf keine spezielle Frage. Sie ist nur ein Zustand der Stille.

Über Osho

Oshos Lehren widerstehen jeglicher Kategorisierung, sie reichen von der persönlichen Sinnsuche bis hin zu den dringendsten sozialen und politischen Fragen, mit denen die Welt heute konfrontiert ist. Seine Bücher wurden aus zahllosen Tonband- und Videoaufnahmen transkribiert. Er hat über einen Zeitraum von 35 Jahren vor einer internationalen Zuhörerschaft stets aus dem Stegreif gesprochen. Er sagte: „Denkt daran, was immer ich sage, ist nicht nur für euch... ich spreche auch für die kommenden Generationen."

Der Londoner *Sunday Times* zufolge zählt Osho zu den „1000 Machern des 20. Jahrhunderts"; der amerikanische Romanautor Tom Robbins hat ihn einmal „den gefährlichsten Mann seit Jesus Christus" genannt. *Sunday Mid-Day* (Indien) hat Osho als einen der zehn Menschen bestimmt, die das Schicksal Indiens verändert haben – wie Gandhi, Nehru und Buddha.

Osho selbst beschreibt sein Werk als „Beitrag, die Voraussetzungen für die Entstehung einer neuen menschlichen Lebensweise zu schaffen". Diesen neuen Menschentypus hat er immer wieder als „Sorbas der Buddha" umschrieben – also einen Menschen, der nicht nur wie Sorbas der Grieche die irdischen Freuden zu schätzen weiß, sondern ebenso sehr die stille Heiterkeit eines Gautam Buddha.

Wie ein roter Faden zieht sich durch alle Aspekte von Oshos Arbeit die Vision einer Verschmelzung der zeitlosen Weisheit des Ostens mit den höchsten Potenzialen westlicher Wissenschaft und Technik. Vor allem seine revolutionären Ansätze zur Wissenschaft der inneren Transformation haben Osho berühmt gemacht. Seine innovativen „aktiven Meditationen" basieren auf dem Gedanken, dass erst der in Körper und Geist angesammelte Stress abgebaut werden muss, um, frei von Gedanken und entspannt, einen meditativen Zustand zu erfahren.

www.osho.com

Das Osho International Meditation Resort

Lage: Etwa 120 Kilometer südöstlich von Mumbai, in der prosperierenden Stadt Pune gelegen, ist das Osho International Meditation Resort ein Urlaubsort der besonderen Art. Das Gelände erstreckt sich über ca. 15 Hektar inmitten eines von alten Baumalleen gesäumten Villenviertels.

Besonderheit: Jedes Jahr empfängt das Ressort Tausende Menschen aus über 100 Ländern. Auf dem Campus gibt es die Möglichkeit, direkt Erfahrungen mit einem anderen Lebensstil zu machen – durch mehr Bewusstheit, Entspannung, Festivitäten und Kreativität. Es gibt eine Vielzahl an Programmen die rund um die Uhr und über das ganze Jahr hin angeboten werden. Nichts zu tun und zu entspannen, ist eine davon. Alle Programme gründen auf Oshos Vision von „Sorbas, dem Buddha" – einer qualitativ neuen Art von Mensch, der nicht nur sein Alltagsleben schöpferisch zu gestalten vermag, sondern auch Zugang zu entspannter Stille und Meditation findet.

Meditationen: Es werden täglich und regelmäßig Meditationen unterschiedlichster Art angeboten: aktive und passive Methoden, traditionelle und revolutionäre, und ganz besonders natürlich, die von Osho entwickelten Aktiven Oho Meditationen. Sie alle finden in der wahrscheinlich weltgrößten Meditationshalle, dem Osho Auditorium, statt.

Multiversity: Hier kann man Einzelsitzungen, Kurse und Trainings zu unterschiedlichen Themen buchen – von den bildenden Künsten bis hin zu ganzheitlichen Heilmethoden, von persönlicher Transformation bis hin zu Therapie, esoterischer Wissenschaft, Sport- und Fitnessprogrammen mit Zen-Akzent. Das Geheimnis des Erfolgs der Multiversity, liegt darin, dass alle Programme immer mit Meditation verknüpft sind, um das Verständnis zu fördern, dass wir menschlichen Wesen mehr sind als die Summe aller Teile.

Basho Spa: Das luxuriöse Spa hat einen großzügigen Pool unter freiem Himmel umsäumt von Bäumen und tropischem Grün. Das weitläufige Jacuzzi, Sauna, Gym, Tennisplatz ... all diese Plätze liegen in einer ausgesprochen ästhetisch gestalteten Anlage.

Küche: Es gibt stets eine Auswahl köstlicher vegetarischer Gerichte in westlicher, asiatischer und indischer Ausrichtung. Das Meiste davon wird für das Ressort organisch angebaut.
Brot und Kuchen werden in der hauseigenen Bäckerei gebacken.

Nachtleben: Die Nummer 1 der Abendveranstaltungen ist das Tanzen, neben Vollmond-Meditationen unterm Sternenhimmel, Varietétheater, Musikveranstaltungen und Meditationen. Man kann auch Leute am Plaza Café treffen oder einen Spaziergang durch die Gärten in dieser märchenhaften Umgebung machen.

Infrastruktur: Alle wesentlichen Dinge kann man in der Galeria einkaufen. In der Multimedia Gallery bekommt man alle Osho

Media Produkte. Es gibt eine Bank, ein Reisebüro und ein Internetcafé auf dem Campus. Für alle die gerne auf Shoppingtour gehen: Man findet in der Stadt sowohl gute traditionelle Produkte, wie auch weltbekannte Markenläden.

Unterbringung: Man kann sich im eleganten Osho Guesthouse einmieten oder sich für längere Aufenthalte zum Living-In Programm anmelden. Zusätzlich gibt es noch zahlreiche Hotels und Appartements in der direkten Umgebung.

www.osho.com/resort

http://OSHO.com/AllAboutOSHO
http://OSHO.com/Resort
http://www.youtube.com/OSHOinternational
http://www.Twitter.com/OSHO
http://www.facebook.com/pages/OSHO.International

OSHO International Foundation:
www.osho.com/oshointernational
oshointernational@oshointernational.com